田中芳男（Batztoutai with Material Gadgets 2004年版アートワークより）

カオス1
CHAOS

ノイズ　タンパク質　信号　対極　言語

戦慄　力学　回路

MERZBOW
Material Action 2

MERZBOW

MATERIAL

CHAOS 00001

「Material Action」広告（フールズ・メイト 1983年4月号より）

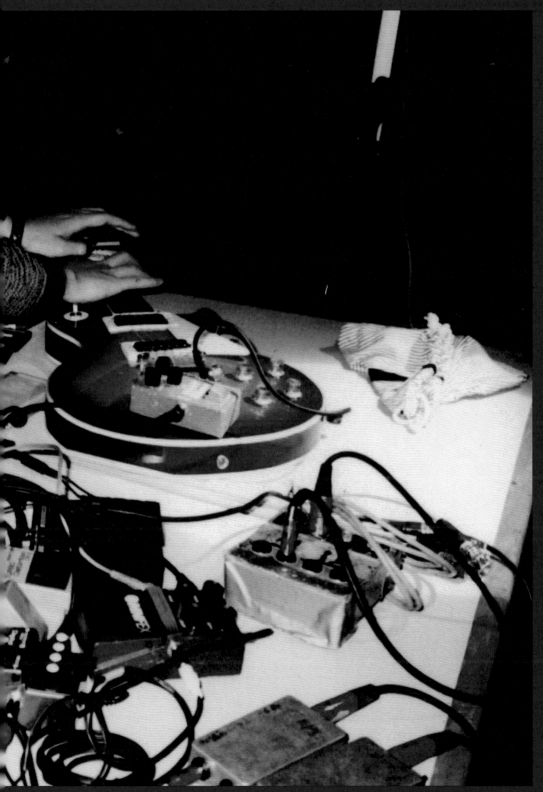

ユトレヒト Ekko '89

ユトレヒト Ekko '89

ソ連 ジャズ・オン・アムール `88

ソ連 ジャズ・オン・アムール `88

HER/BOW/Antimonument

Antimonument

抜刀隊 with Memorial Gadgets

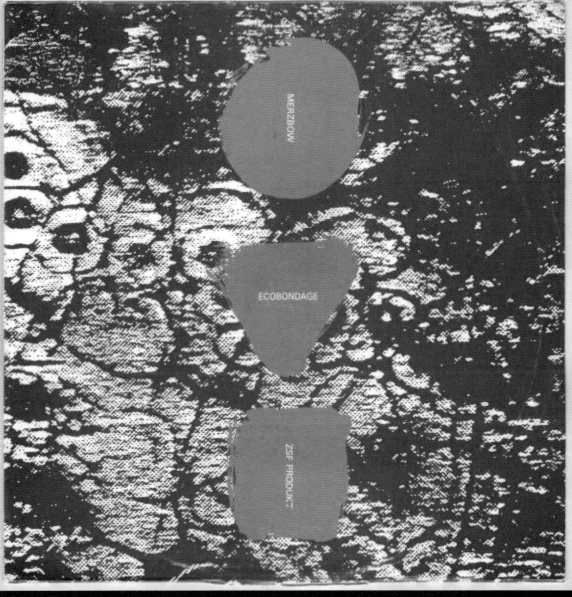

MERZBOW

ECOBONDAGE

ZSF PRODUKT

Ecobondage

Live in Khabarovsk, CCCP

チベット・バロック・コラージュ

チベット・バロック・コラージュ

チベット・バロック・コラージュ

チベット・バロック・コラージュ

MERZBOW II

メルツバウ・ヒストリーインタビュー　第2回　1980年代

秋田昌美 インタビュアー 川崎弘二

| Metal Acoustic Music |

………前回のインタビューによると、1979年の3月ごろに行われた「大学の卒業イベントの余興」において、詩の朗読と「Metal Acoustic Music」の再生が行われていたようです。そして、2000年にオーストラリアのエクストリームから発売されたＣＤボックス「Merzbox」[1]によると、1980年1月に「Metal Acoustic Music」のレコーディングとミックスが行われていたと記されています。なお、前回のインタビューでは、1980年1月の時点で「元テープをアンプで再生などして再録音した可能性」があるとおっしゃっておられました。その後「Metal Acoustic Music」は1981年にリリース[2]されており、さらに1989年11月13年には「Feedback System with Digital Effects」を付加した新しいバージョン[3]が制作されていたようです。また、1996年11月には「Merzbox」のためのリマスタリングが、そして、2012年7月にもドイツのヴァイナル゠オン゠デマンド（ＶＯＤ）からリリースされたＬＰボックス[4]のためのリマスタリングが施されており、2012年のバージョンのトラック名は「Balance of Neurosis pt. 2」となっています。

　「Metal Acoustic Music」のオリジナル・テープは90分で「Merzbox」収録の「Balance of Neurosis」はそのＡ面です。ＶＯＤの収録の「Balance of Neurosis pt. 2」はそのＢ面になります。
　マスタリングは「Merzbox」のときはカセットdbxのノイズ・リダクションを施したリマスタリング、ＶＯＤのときはコンピューターによるリマスタリングです。この二つはエディットもリミックスもされていません。
　「リマスター」の意味は新しくリリースする際にオリジナルの音源をもう一度マスタリング（バランス、定位、音質などの微調整）するということでリミックスではありません。
　1989年版のカセット・リリースではリミックスされています。「Metal Acoustic Music」名義で流通したのはこの三つのバージョンです。

| Por #1&2 |

………1980年5月4日には水谷聖さんとのセッションが行われており、のちに「Por #1&2 Vol. 1」[5]「Por #1&2 Vol. 2」[6]としてＣＤ化されています。このころの秋田さんは、水谷さんと「最初に長尺の割合真面目な楽器によるセッションを行い、後半は慣れない楽器に持ち替えて遊ぶというパターン」[7]を試みていたと述べておられます。秋田さんがあえて「慣れない楽器」を使用されていたのは、「最低音楽(Lowest Music)」を実現するための一つの手段だったということになるのでしょうか。それとも、あくまでそれは「遊び」であり、リラックスしてセッションを楽しんでいたという点のほうが大きかったのでしょうか。

　この二つの作品は自宅で行われた水谷とのセッションを主な音源としています。水谷との当時のセッションは完全にリラックスした内容です。

| Fuckexercise #2 |

………1980年12月には「Fuckexercise #2」の録音が行われており、こちらの録音では1978年にスター・インストゥルメンツ社から発売されたシンセドラム「Synare 3」が使用されていたようです。こちらの録音は2017年にＣＤ化[8]された際にリマスタリングされておりますが、何らかの編集は行われていたのでしょうか。

　これは複数の音源をミックスしたもので、のちのエディットやリミックスは施されていません。ただし、当時は素材となる音源も少なく、1980年から1982年頃の作品では同一のマテリアルの重複がかなりあります。その意味ではこの作品も当時の音源のリ

ミックスと言えなくはないです。

　ご質問のSynare 3は何の雑誌かは覚えていませんが「売ります」という投稿を見て買いに行った記憶があります。

｜Remblandt Assemblage｜

………1980年には「Remblandt Assemblage」[9]の録音も行われており、前半の45分はプリペアド・ギターやラジオやコンクレート・サウンドの断片をまとめたものであるといった意味のことを述べておられます[10]。こちらのコンクレート・サウンドとはどのような音響を指しているのでしょうか。また「Remblandt Assemblage」の各トラックのタイトルには、ダダイストの名前なども使用されています。

　コンクレートというのはブツ切れになった具体音の音源のことです。しかし、この作品の大半はプリペアド・ギターの演奏で占められています。「Remblandt」はスペルが違いますが画家レンブラントのことでジャケットに使ったコラージュから来ています。

｜Hyper Music 2｜

………ＶＯＤのＬＰボックスには、1980年に録音／2012年7月にリマスタリングされたというクレジットがあるのみの「Hyper Music 2」[11]という作品が収録されています。ベースとなる持続的な音響のうえに、異なるディメンションの音響を重ねていくというありかたは、「OM Electrique」のような作品と比べて重層的な状況が出現しているように感じられますが、それは機材の変化が影響しているのでしょうか。それとも2012年のリマスタリングがそのような印象を与えているのでしょうか。

　この元テープは120分でなぜかこのカセット本体はTDK SA60なので元々別の120分カセットの中身を別の60分テープのものに入れ替えたものです。インデックスには片面が「Organ & Drums」もう片面が「Hyper Music 2 Metal Acoustic Musik」と題されています。「Organ & Drums」は水谷とのデュオでＶＯＤからリリースした「Hyper Music 2」はこの面を使用しています。「Metal Acoustic Music」のバリエーションと思われます。ラジオのホワイト・ノイズ、フィードバック、打楽器、ギター、タイプライター、呼吸音などから成っています。リマスターで内容の変更、編集は行われていません。

｜Cretin Merz｜

………1980年には「Cretin Merz」[12]としてＣＤ化された水谷さんとの録音も行われており、水谷さんは電子オルガンを使用しておられたようです。

　「Por #1&2」同様、水谷との自宅セッションです。キーボードの機種は覚えていませんが、サン・ラを真似してオルガンを前方に傾けて演奏するのをソーラー・オルガンと呼んでいた記憶があります。この時期の水谷とのセッションは脱力的なものになります。楽器を持ち替えたりするのもその方向性の一つの表れと言えます。

｜フールズ・メイト｜

………「フールズ・メイト」誌やバンドの新月などに関わっておられた森村寛さんは、「当時FoolsMateの編集長の北村（註・昌士）くんの家が僕の帰り道の途中だったのでよく僕の車で送って行った。／その途中に僕の親友の本坊哲治（註・ZOMBO）くんの家があったからよく寄ったりしてた。／ある日、本坊くんの家に秋田くんが遊びにきて居て（彼らは一緒にバンドをやっていた）秋田くんと北村と意気投合して、秋田くんがFoolsMateのライターに就任したっていうのを今急に思い出した。多分1980年初頭の頃」[13]とおっしゃっています。

　北村と会ったきっかけはZOMBO氏の家ではなかったと思います。「フールズ・メイト」編集部に手紙を出すと、「ファウストにつ

いて書いて欲しい」という連絡がありました。しかし、ファウストについて詳しくはなかったので別の記事を書きました。

………1980年3月に発行された「フールズ・メイト」誌の第11号にはスペシャル・サンクスとして挙げられた六名のなかに秋田さんのお名前があります。秋田さんはこちらの号で「小宇宙史 中世ルネサンス音楽の光と闇」などの原稿を執筆しておられます。

中世音楽を聴き始めたきっかけはマニエリスムだと思います。カルロ・ジェズアルド[14]がマニエリスムだというのをどこかで読んで聴き始めたのです。

………1980年5月に発行された「フールズ・メイト」誌の第12号の特集は「ロック黙示録」でした。こちらの特集には秋田昌美／北村昌士／堀家美沙子というクレジットがあり、秋田さんが早くも特集の中核を担っておられたものと推察されます。そして、1980年8月に発行された「フールズ・メイト」誌の第13号の裏表紙には秋田さんのコンセプト／村山守さんのアート・ディレクションによる「空中の印」という作品が掲載されています。その後、村山さんは秋田さんの書籍やメルツバウのレコードのデザインを手がけられています。

私が関わった頃の「フールズ・メイト」編集部は、最初は六本木にあったようでしたが、のちに明大前に移りました。明大前にあったときによく通っていました。
「ロック黙示録」は私が中心になって進めた特集です。村山守氏と知り合ったのも「フールズ・メイト」です。いくつか紙面をもらってアートワークを載せましたが雑誌用に作ったものです。「空中の印」は私がモノを用意して村山さんが写真に撮りました。

………1980年11月に発行された「フールズ・メイト」の第14号では、ミュジック・コンクレートを創始したことでも知られるフランスのINA/GRMについての原稿を寄稿されています。

INA/GRMのページは私が版下を作った「フールズ・メイト」の数少ないページです。1981年12月号では「思考のための音楽」[15]というページのデザインとアートワークをやっています。どちらも全体の紙面から浮いている印象を受けます。

| Tibet Baroque Collage |

………秋田さんは1980年代に「大きくて複雑でカラフルなコラージュ」[16]を手がけるようになったとおっしゃっておられます。こちらはＶＯＤのＬＰボックスに封入されたブックレットや、2013年にリリースされたＣＤ「Takahe Collage」[17]のジャケットに使用された作品などが相当いたしますでしょうか。

1970年代から散発的にコラージュ作品は作っていましたが、「Tibet Baroque Collage」と名付けたものは1982年頃に大量に作ったスタイルのものです。これには当時新たに獲得した材料と道具が大きく関わっています。まず、材料としては親戚から貰った大量の「ナショナル・ジオグラフィック」誌です。道具は写植用のデザイン糊とデザイン・ハサミ、ピンセットです。これらは当時バイトしていた画材屋や「フールズ・メイト」編集部で目にするお馴染みのものでした。「ナショナル・ジオグラフィック」誌には世界各地の美しかったり奇怪だったりする動植物、昆虫などさまざまなイメージが溢れていました。デザイン糊の利点は位置をずらしたり貼り替えができる点でした（しかし、のちにそれらで貼った 紙は変色したりバラバラに剥がれてしまうという難点がありました）。
Tibet Baroque Collageの特徴は細部の色彩と視覚的なテクスチャーがカオス的に渾然一体化して平面の各部は平等に全体としては中心のない一つの織物のようになるというものでした。そこにはチベット密教の思想が反映されているのでこのような名称をつけました。このスタイルでの作品の展示を何度か行いました。
メール・アートでこれらの作品を一部使用しましたが、メール・アートの基本はゼロックス・アートだったのでモノクロにすると効果的でないのであるときピタッと止めてゼロックスに適した別のスタイルのものを作るようになりました。その後は「Merzbox」制作の際にデジタル化しフォトショップで加工するようになりました。現在もこれらを素材にフォトショップで作品

を作っています。

　メルツバウのアルバム・ジャケットでTibet Baroque Collageをそのまま使用している例は「Takahe Collage」もそうですが、「Microkosmos Vol. 1」[18]「Camouflage」[19]などがあります。

　Tibet Baroque Collageは視覚的テクスチャーに凝る、全体を織物のように平面化する等の点で、ノイズのテクスチャーに凝る、空間を音で埋め尽くすというメルツバウの音楽の傾向と共通点があるので今でも愛着しているものです。

| Paradoxa Paradoxa |

………1981年3月22日には明大前のキッド・アイラック・ホールにおいてコンサート「Merzパフォーマンス『パラドクサ・パラドクサ』」が開催されています。こちらのコンサートのチラシには、メルツバウとHombo chang-ba（本坊哲治／ZOMBO）さんのクレジットがあり、問い合わせ先として秋田さんの電話番号が記されています。「パラドクサ・パラドクサ」はそれまで数多く行われてきた水谷さんとのセッションを公開してみせたということに過ぎないのでしょうか。あるいは前回のインタビューにおいて、秋田さんにとっての「音楽」とは「何かを録音してそれらを再構成して作品化する行為」になったとおっしゃっておられましたが、こちらのコンサートもその一貫だったのでしょうか。

　メルツバウ名義で行った最初のライブです。自主企画で客も身内が多かったです。トリック・アップをよく見にきていたバイト仲間が高音質で録音してくれました。

　作品とライブについてのご質問ですが、当時はまだ作品のリリースもなく、録音物はありましたが作品として発表するためのものではありませんでした。したがってこのライブは水谷やZOMBO氏とのスタジオ・セッションの延長線上にあったと思います。ただ、当時、トリック・アップでライブも行っており、また「フールズ・メイト」で活動も始めたのでシーンとの繋がりを意識しだした時期でした。そうした外へ向けた一つの行為だったと思います。

………「パラドクサ・パラドクサ」ではイタリアの風景のスライド投射も行われていたようです[20]。そして、このときの録音をリリースしておられることから[21]、パフォーマンスの記録としてはとくに問題のない内容だったのでしょうか。秋田さんは「八〇年代に数回やったパフォーマンスというのは、ステージにいてもテープを操作しているだけとか、他人がやってる音をいじるだけとか、そういう出来るだけ自分の身体を参加させないかたちでやっていたんです」[22]とおっしゃっておられます。「パラドクサ・パラドクサ」においても、秋田さんは「自分の身体を参加させないかたち」で舞台に立っておられたのでしょうか。また、このあとさほど頻繁にライブをされるようにならなかったのは、このときのライブに何らかの疑問点があったからなのでしょうか。

　内容的には最初の半分はテープ中心で後半ではドラムを叩いたりZOMBO氏の妹さんがサックスで参加したりしています。スライドはイタリアの観光写真をただ写すだけで無意味なものでした。

　オープン、カセット複数のテープ・レコーダーを使用し、水谷が録音した写植機械の音（水谷は当時写植の仕事をしていました）、「Metal Acoustic Music」などが音源として使用されています。そこにリズム・マシーン、オルガン、ヴァイオリンなどの生演奏が加わっています。

　演奏が良いとか悪いとかいう性格のものではなくあとで録音を聴いて苦痛だったのを覚えています。リリースしたのはのちのことですが、全体として意味不明なものを目指していたと思います。ライブと身体性についての考えは1990年代にライブを再開してから考察したもので、当時は明確にそのような意志があったわけではないと思います。その後、継続的にライブをやらなかったのは、私としてはメルツバウはスタジオ・ワークが中心でライブとは分けて考えていたからだと思います。

　ただし、メルツバウ以外では、ドラマーとしてメルツバウ・ヌル（Merzbow Null）で頻繁にライブをやるようになります。

| Awa 沫 Foam |

………1981年8月にはYLEMレコードから二枚組のオムニバス・レコード「Awa 沫 Foam」[23]がリリースされており、メルツバウの「Envois 216」という作品が収録されています。タイトルの「アンヴォワ」とは何を表わしているのでしょうか。なお、こちらのレ

コードは全体として1981年の3月から5月にYLEMサウンド・スタジオで録音された旨が記載されています。

　「Envoisアンヴォワ」はもともと「海」という雑誌に載っていたジャック・デリダの「おくることば」[24]から取りました。「贈与」的に、コンピレーションに提供する曲という意味です。当時、メール・アートに関心があったことから、デリダの言う「絵葉書は開かれていて暗号のようにミステリーだ」[25]というような思考に惹かれました。

　この「Awa」に提供した作品がメルツバウの最初のリリースです。この作品は既存の音源をミックスしたもので定かではありませんが、知人が経営する渋谷にあった個人スタジオのジャンクション・ミュージック・ワークス(Junktion Music Works)で録音された可能性もあります。「Yantra Material Action」[26]の録音と同時期かもしれません。

　YLEMのスタジオを使用するのはあとで触れる「Collection」シリーズがはじまった1981年6月からだとすると、この作品は「海」を読んだ2月頃と推定されます。

｜ Yantra Material Action ｜

………1981年にはいまお話しに挙がった「Yantra Material Action」という作品も録音されています。1981年7月にフレッド・フリスが来日しており、秋田さんはこちらの作品の「ライナーはデモを聴いて気に入ったというフレッド・フリスに依頼する予定だった」[27]と述べておられます。なお、1981年に秋田さんは「ロウエスト・ミュージック＆アーツ(Lowest Music & Arts)」というレーベルをスタートされており、のちに「Yantra Material Action」もこちらからリリースされています。

　この作品はもともと「フールズ・メイト」からリリース予定のメルツバウのファースト・アルバム「MERZ」というタイトルのものでした。リリースがキャンセルになり、のちに新しい音源で後述するアルバム「Material Action 2」[28]を作りあげたのちにロウエスト・ミュージック＆アーツでカセット・リリースすることになり、その際にタイトルを変更しました。

　内容的には当時携わっていた「Collection」シリーズに使用した音源とも重複する部分はありますが、既存の複数の音源をスタジオでミックスするという手法がとられています。A面一曲目はこの作品用に新しく自宅で録音した音源です。おそらく北朝鮮のラジオ放送を低速で再生したものに、水谷から提供されたパーカッションのテープ、Merztronics的ノイズがミックスされています。全体はレコード・リリースを意識していくつかタイプの違う作品を集めた形になっています。フレッド・フリスがレビューを書く予定になっていたというのは本当です。

………ジャンクション・ミュージック・ワークスにてミックスされた「Yantra Material Action」は、YLEMサウンド・スタジオなどにおける「Collection」シリーズに比べて、全体的に厚みのある音響となっているように感じられます。

　YLEMで録音の際はただ録音するだけで特にミキシングに凝った覚えはありませんが、ジャンクション・ミュージック・ワークスではアルバム制作ということもありミキシングは念入りにやったと思います。

リリース中止となった1st アルバム「Merz」の広告（フールズ・メイト1981年7月号より）

| Telecom Live |

………1981年のスタジオ・テレコムでの録音（「Telecom Live」[29]としてＣＤ化）について、秋田さんは「あまり楽器を普通に演奏していない事がわかる。／これまで２人でスタジオに入るとドラムとキーボードかギターの即興演奏が主だったが、だんだん楽器を持ちかえるようになり、普通には演奏しなくなり、その次にはテープを使って演奏行為自体をしなくなっていった。(略)テープには具体音（モーターバイク、電車、足音など）の他に過去に演奏したスタジオ・ライブの音も入っており、テープの音か生演奏か判別しがたい箇所もある」[30]と述べておられます。

　　東中野のスタジオ・テレコムはS−Kenやフリクションなどの東京ロッカーズがよく使っていたスタジオで、トリック・アップでも使ったと思いますが、水谷とのセッションも何度か行いました。アンプからテープを流して、そこに生演奏を加えたり実験的なことを行っていました。水谷がドラムを叩いている録音が多いです。この頃から水谷とのスタジオ・セッションもメルツバウ的なものになっていきます。

| Collection 001／002 |

………秋田さんは「1981年6月にYLEMのスタジオに通うようになる」[31]とおっしゃっています。そして、YLEMレコードからは「Collection」と題したメルツバウによる十本のカセット・テープの発売が計画されていたようです。イタリアのウラシマからリリースされたＣＤボックス「Collection」[32]において、「Collection 001」[33]と「Collection 002」[34]はそれまでにご自宅／スタジオ・テレコム／ＧＡＰワークスで録音された素材を使用して、1981年6月3日にＧＡＰワークス、あるいは、YLEMサウンド・スタジオにおいてミックスが行われていた旨が記載されています。なお、1979年5月ごろに佐野清彦／多田正美／曽我傑らのＧＡＰは「企画・製作を中心とした作業場」[35]としてのＧＡＰワークスを笹塚に開設していたようで、秋田さんは「カセット・インデックスには録音場所はGap Worksとある。カセット・リリースされた時のジャケットにはYLEM Sound Studioとある」[36]と述べておられます。

　　YLEMの「Collection」シリーズがどのような経緯で始まったのか覚えていません。なぜ十本組になったのかもわかりません。
　　佐野清彦氏にお会いした記憶があるのでＧＡＰワークスにも行ったのかもしれません。

………秋田さんは「録音の方法は持ってきたカセットにエレハモのフリーケンシー・アナライザー（リング・モジュレーター）などをかけて変調する作業が主で、たまにスタジオにあった楽器（ギター、ウッドベースなど）をオーバーダブした」[37]と述べておられます。秋田さんはエレクトロ＝ハーモニクス社製のフリーケンシー・アナライザー（Ring Modulator EH−5000）を使用されていたのでしょうか。

　　使用していたフリーケンシー・アナライザーはEH−5000よりも前の型で文字がパープルのものです。イシバシ楽器で、二千円で投げ売りされていたもので何台か持っていました。当時一般的には全く需要がなかったのだと思います。
　　YLEMのスタジオでの録音ではおそらくリバーブのようなエフェクトを使ったり、オーバーダブでも自宅で録るよりはクリアな音で録れているのではないかと思います。あらかじめ用意したテープを変調させるというアイデアだけあり、スタジオにあった楽器を被せたのは現場での即興的なものです。

| Collection 003 |

………1981年6月13日にはガラパゴス・スタジオで清水一登さんにより「Collection 003」[38]のミックスが行われています。グループとしての「ガラパゴス」は1973年に結成されていたようで、1977年ごろのガラパゴスは清水さんと桜井良行さんによるフリーな演奏を行うユニットとしても活動していたようです。また、清水さんは吉祥寺のマイナーへのご出演のほか、初期の新月にも関与されており、「フールズ・メイト」誌からの自主制作レコードの第一弾として当初はガラパゴスが予定されていました。なお「Collection 003」はどちらかというとミニマル・ミュージック的に感じられます。

ガラパゴスの清水氏とは「フールズ・メイト」経由で知り合ったのだと思います。清水氏はヘンリー・カウなどが好きなようでした。ミニマルな印象があるというのはおそらくヴァイオリンやオルガンにかかったサウンド・オン・サウンドのエフェクトのためです。「003」は「Collection」の他の作品に比較するとフリー寄りなものだと思います。

| Collection 004／005 |

………1981年6月16日にはＧＡＰワークスにおいて「Collection 004」[39]と「Collection 005」[40]のミックスが行われています。なお、2010年に再発された「Collection 004」[41]と「Collection 005」[42]の各トラック名には「Remblandt Assemblage Mix」が使用されています。これは素材となったテープが「Remblandt Assemblage」であったことを意味しているのでしょうか。

　　この二つはテープの変調が基本的なアイデアで、音源として「Remblandt Assemblage」、ドラムの録音にフリーケンシー・アナライザーがかかっています。「005」の三曲目以降も「Remblandt Assemblage」が使用されています。

| Material Action for 2 Microphone |

………1981年7月には葛西の水谷さんのお宅で「Material Action for 2 Microphones」[43]の録音が行われています。

　　これはコンデンサー・マイクを私と水谷が持ち、床や部屋のさまざまな箇所、家具、物品などに直接擦り付けて音を拾い、録音時に入力レベルを上げて、結果的にディストーションがかかったような爆音を作り出すと言うものです。ラジオ、レコード、ＴＶの音声もマイクで拾っています。

………1960年9月に初演されたジョン・ケージの「カートリッジ・ミュージック」も微細な音を増幅するという作品です。しかし、あくまでも図形楽譜をもとにして演奏する「カートリッジ・ミュージック」とは異なり、「Material Action for 2 Microphones」は音を発することそのものを目的としているように感じられます。ケージの「カートリッジ・ミュージック」とメルツバウの「マテリアル・アクション」との違いはどのあたりにあるとお考えでしょうか。

　　ケージの「カートリッジ・ミュージック」とは微細な音をマイクやカートリッジで拾い増幅するという点はどちらも似ていると思います。また動作の違いはありますが、動きを伴うパフォーマンスと言う点も似ていると思いました。
　　この作品について当時のカタログに解説があるので載せておきます。

「2人の演奏者は互いにハンドマイクを手にし部屋の中の考えられる限り全ての『音の出る素材』から強制的に音を抽出してゆく。このシステムは『ヘッドフォン・パフォーマンス』とも呼ばれる。何故なら唯一のモニターはヘッドフォンであり、行為中奏者は相手の音を直接聴く事はできない。(中略)ミックス時に付加されたものはシンセサイザーとリング・モジュレーターのエフェクト音だけであり、パフォーマンスの現場で一切の電気的エフェクトは使用していない。エフェクター処理に聞こえるのは録音時の入力過剰が生み出したフィードバック音である。又、コンタクト・マイクロフォンではなくAIWAのユニ・ディレクション・コンデンサー・マイクロフォンを使用している」

| E−Study |

………1981年9月には「E−Study」[44]という作品が録音されていたようです。タイトルにはどのような意味があったのでしょうか。

　　「E−Study」はEthnic Studyという意味で打楽器や笛を使った作品です。「Collection」シリーズの素材としても使用されています。バージョンはいくつかありましたが、完成度が高いと思われたものをカセット・リリースしました。

| Collection 006 |

………順番が前後いたしますが、1982年2月12日には「Collection 006」[45]の新しいバージョンのミックスが行われていたようです。古いバージョンはあまり納得のいく内容ではなかったのでしょうか。

　オリジナルの「006」は上書き消去されて存在しないので何か気に入らなかったか覚えていません。新たに作られた音源は「E-Study」に通じるフェイク民俗音楽のような作品です。音数が少なく、また、ディレイの使用など、今聴くと「Collection」の他のものとは一風違った雰囲気を持っています。

| Collection 007／008／009 |

………1981年10月29日には「Collection 007」[46]「Collection 008」[47]「Collection 009」[48]のミックスがご自宅で行われているようです。なお、リリースされた「Collection 007」には「mixed by TEAC M-04 Audio Mixer」と記されたバージョンもあります。M-04という型番のミキサーは見つけられなかったのですが、このころにティアック社からはM-09という4チャンネルのミキサーが発売されています。ミキサーの導入によって、それまでの自宅でのレコーディングやミキシングの幅は大きく広がりましたでしょうか。

　「006」はのちに作り直したので、順番にいうと「007」からYLEMを離れて自宅スタジオでの新しい制作になります。これまでの作品は基本的に水谷とのライブ・セッション音源をスタジオでエフェクト処理したり、楽器をオーバー・ダブしたりするかたちで作られていました。またYLEMスタジオではミックスに水谷も立ちあっていました。
　しかし、「007」と「008」は水谷から提供された音源は「Dubbing 5」というシンセサイザーの音源のみで、他は「Merzrock」「Anemic Pop」「Merz Solo」「E-Study」といった私のソロ音源を使用しています。これらのタイトルはオリジナル・カセット・マスターのインデックスに書かれているもので現存しないものもあります。ないものは上書き消去したか別の作品に転用したものと思われます。「007」以前のカセット・インデックスには詳細な記載はありません。
　ミックスも一人で行っていますので、全体的構造もライブ・セッションとは異なり、私の嗜好が反映されています。おそらくこれまでよりポップでインダストリアルな方向になっています。おっしゃる通りティアック09のミキサーの導入によって本格的な宅録、ミックスが可能になったこともその要因と思います。

| New Acoustic Music |

………1981年10月26日には「Collection 010」[49]のミックスが行われており、B面は「N.A.M. 6 with Radio & Tapes」というタイトルです。こちらの作品ではウッド・ベースやテープ・ループも使用されており、このころ秋田さんは1962年に発売されたソニー製のオープン・リール式のテープ・レコーダーModel 464を手に入れておられたようです。

　「New Acoustic Music (N.A.M.)」はもともと「Material Action for 2 Microphones」のセッションにつけられた名称で、コンデンサー・マイクを使ったスクラッチ・パフォーマンスのことです。「009」「010」では「N.A.M.」のセッション「N.A.M. 4-6」が使用されています。これらは「N.A.M.」の1が「Material Action for 2 Microphone」のセッションだとすると、他はそれ以降のものとなります。「N.A.M. 6」は水谷と一緒にやっているもののようですが、他は私一人で行っているものだと思います。「010」のウッド・ベースはYLEMで録音されたもののようです。ソニー 464 オープン・テープ・レコーダーは路上で拾ったものだと思われます。テープ・ループもこれを使用しています。

| Tridal Production |

………1982年1月13日には「Tridal Production」[50]のミックスが行われており、ZOMBO (Hombo chang-ba: HBC)さんの参加も

確認できます。そして、こちらの作品には「Fuckexercise」「Percussion Ensemble」「Paradoxa Paradoxa」などのトラックが収録されています。

　オリジナルの1曲目は「Merzbox」の「Collection Era Vol. 3」[51]の8曲目です[52]。テープ・ループ、カットアップ、ラジオ、ノイズ、ライブなどのコラージュによる個人的にこの時期で好きな作品です。ＶＯＤのレコード[53]ではＢ面になります。

　オリジナルのカセット・インデックスにはＡ面の一曲目は「Fuckexercise＋Percussion Ensemble with HBC」とありますが、現在流通している「Fuckexercise #2」には当てはまるトラックがないので、もしかすると現存しない「Fuckexercise #1」かもしれません。「Percussion Ensemble with HBC」はZOMBO氏の家で録音した90分テープで未発表です。その一部を使用しています。シンセも入っていると思います。Ｂ面の二曲目は「Fuckexercise #2」のＢ面の三曲目にトイ・ピアノを加えた別ミックスです。Ｂ面三曲目は「Paradoxa Paradoxa」を使用したミックスと思われます。

| Solonoise 1 & 2 |

………1982年1月13日には「Solonoise 1」[54]の録音とミックスが行われています。「Solonoise 1」は「Collection」シリーズとはやや異なる傾向の作品のように感じられますが、それまでとは違う方向の可能性も開拓しようという意思をお持ちでいらっしゃったのでしょうか。

　ＶＯＤ版の「Solonoise 1」[55]はオリジナル・カセットのＡ面とＢ面が逆になっています。Ａ面は水谷とのスタジオ・セッション・ライブ録音にノイズ・エレクトロニクス、テープをオーバー・ダブしたものです。機材的には変調した声の使用、またミキサー・フィードバックにディスーション、リング・モジュレーターが強くかかっています。音の構造的には従来のものを踏襲したものと言えます。Ｂ面は私のソロでディストーションのかかったテープ・ループをベースに歪んだノイズ・エレクトロニクスが縦横無尽に飛び交うある種のグルーヴを生じさせる作りになっており、一つのメルツバウ・スタイルが構築されたものと思います。

………1982年3月24日には「Solonoise 2」[56]の録音とミックスが行われています。

　「Solonoise 2」のＡ面はワンマン・バンド的なコンセプトのもので、片手でフィードバック・ノイズを操作しながら片手でスネアを叩いたりしています。途中のキーキーいう長いソロは発泡スチロールを床に擦り付けてサックスのような音を真似しています。Ｂ面はテープ・ループ（4チャンネルで二つのパターンを同時に再生できる）を操作しています。ときどきブチブチ途切れたり回転数が異常になったりするのは手で操作しているからです。両面ともライブ録音で編集はされていますがオーバーダブはされていません。カセット・テープは「Solonoise 2」の方が先に制作され、カナダのバンクーバー・メトロ・メディアのメール・アート・ショー[57]に出品されました。

| メール・アート |

………1981年に秋田さんは「メイル・アートの活動」[58]を開始されていたようです。

　「フールズ・メイト」の編集部に海外からいろんなファンジンが届いており、その中にドイツの「80s」、ベルギーの「Sphinx」といったメール・アート・マガジンがありました。「Sphinx」の1981年12／13 合併号に、「全てに立ち向かうメール・アート」[59]というマニフェストが掲載されていました。そこには草稿者のTRAXの面々を始め、ジェネシス・Ｐ＝オリッジのコメントも載っていました。私はこのマニフェストの末尾にあった住所に連絡してTRAXと交流を始めました。そうした雑誌には他にも、マウリツィオ・ビアンキ、シュード・コード、ゼレクチオン[60]などインダストリアル・ミュージックのアーティストたちが数多く寄稿しており、私は彼らとメール・アートやカセットを交換することで交流を始めました。

　ロウエスト・ミュージック＆アーツのカセットは通信販売を行いましたが、当時のカタログには「カセットは全て貴方又は貴社のカセット製品（内容、価格不問）と交換可能です。その旨をあらかじめ御通知の上、交換希望作品をお知らせ下さい」と記載されて

いたから、販売目的だけではなく他のアーティストとの作品の交換が目的だったと思います。

　具体的にいつからメール・アートを始めたか定かな記録はありませんが、1982年7月に神奈川県民ホール・ギャラリーで開催された「'82 インターナショナル　サマータイム・メール・アート・ショー」[61]は見に行ったようです。しかし翌年の7月に開催された同「'83 インターナショナル・メール・アート・ショー」[62]にはコピー・アートで参加したようです。その際に主催者の一人高村ムカタ氏よりパンフレットと手紙をもらっています。高村氏は1975年からメール・アートに本腰を入れていたようですが、手紙によると、私からコピー・アートを受け取った翌日に嶋本昭三氏より初めてメールを受け取ったとあります。

　嶋本氏は西宮でアーティスト・ユニオンを主催して積極的にメール・アート活動を行っていた人で、1960年代には具体美術をやっていました。高村氏は日本のメール・アーティストの情報を下さりました。それによると、日本のメール・アートの草分け？ぐらい古くからやっているのは水上旬氏。その他、（以下敬称略）堀池討平、加藤公和、ダダカン、中島由夫、小坂真夕、若江漢字などの名前が並んでいました。私は嶋本昭三氏とはその後やりとりをするようになり、ＡＵの会誌のメール・アート・マガジンに参加したり、西宮のＡＵを訪ねてお会いしたりしたことがあります。

　私は「フールズ・メイト」誌上などで「東京メール・アート・センター」という名称でメール・アートの活動を告知し参加を呼びかけてメール・アート・マガジンや小規模の展覧会を行ったりしました。最初の展示会は中野弥生町の小劇場PlanBの一階にあったTheShopというカフェで行いました。最初の展示会は1983年3月、6月に自身の個展（コラージュか？）、7月に二回目のメール・アート展を行ったようです。

　「フールズ・メイト」以外の雑誌媒体でもメール・アートの普及を行いましたが、私はカセット・メディアを中心とした国際的インダストリアル・ミュージックの潮流に強い関心がありました。その動向については「フールズ・メイト」の連載「世界の音楽」[63]で逐一紹介しました。その中でもイタリアのTRAXはG・A・カベリーニをはじめとするフルクサスなどのコンセプチュアル・アートの流れを汲むメール・アートと、新しいインダストリアル・ミュージック、メール・ミュージックを繋ぐ面白いレーベル、ムーブメントとして注目しました。

　1983年にイタリアに旅行した際に私はTRAXのメンバーやマウリツィオ・ビアンキらと会い、さらに交流を深めました。その際にウーディネではTRAXのピエルマリオ・チアーニの企画により私の持っていったコラージュの小さな展示会やスタジオ録音をしました。また、フォルテ・デイ・マルミではヴィットーレ・バローニに、ミラノではマウリツィオ・ビアンキに会い、情報を交換しました。

　他にメール・アートの作家ではハンガリーのローベルト・スワーキヴィッチと結構やり取りをしていました。2009年以降にハンガリーのドラマーのバラージ・パンディとやるようになりましたが、奇遇にもローベルトの知り合いでした。当時、ローベルトはハンガリーの著名なアーティストと知られていて嬉しく思いました。のちにブダペストで一度我々のコンサート[64]に来てくれました。

| Lowest Music 1 & 2 |

………1982年の春ごろには「Lowest Music 1」[65]と「Lowest Music 2」[66]という作品が録音されていたようです。「Lowest Music 1」は再発されたことがないようですが、破棄されてしまったのでしょうか。

「Lowest Music 1」はＶＯＤのボックスのスペシャル・エディション[67]の特典としてカセット化されています。制作当時ほんの少数のみ流通しました。内容的にはリズム・ボックスにギターを複数オーバーダブしたもので、Ａ面は割合曲の体裁をとっています。しかし、ボーカル・パートが気に入らず没にしました。今でもＡ面のボーカルは気に入りませんので再発していません。

………少なくとも「Lowest Music 2」では「Nil Vagina Tape Loop」というテープ・ループが使用されていたようです。「Nil Vagina」という言葉には何らかの意味があるのでしょうか。そして、秋田さんはテープによって声を変形させるアイデアについて、1962年のウィリアム・S・バロウズの小説「爆発した切符」と関係しているかもしれないと述べておられます[68]。こちらの小説のラストは「テープレコーダーをたずさえもっとも醜悪でもっとも愚鈍なものをすべて録音しあなたの醜悪なテープにカットインさせることだ　逆戻りさせ断続的にストップさせることだ　すると一つの醜悪な声がきこえてくる　一つの醜悪な精神が醜悪な既成の録音から作られていることに気づく　テープを動かしつづけテープをカットアップすればするほどテープのもつ力はますま

す弱まっていく　過去の既成の録音を切り刻み大気により希薄な大気に放て」[69]というものです。

　「Lowest Music 2」はテープ・ループを再生するだけの非常にシンプルでミニマルなダダ的な作品です。

　メルツバウのテープ・ループの使用法には大まかに二種類の傾向があります。一つはバックグラウンドのリズムを作り出すもの。グルーブを生むためにディストーションやロウ・パスなどで歪ませてファットな音にします。のちのメルツバウのループの使用はコンピューターなどでのサンプリング・ループになってもほとんどこのタイプです。もう一つはテープ・ループを録音された音の面白さとして、情報として使用するタイプのもので「Lowest Music 2」などごく僅かな作品で試みた音響詩的なものです。

　「Nil Vagina Tape Loop」の「Nil Vagina」は加藤郁乎の詩集[70]のタイトルから借用したものです。テープ・ループの黒いユーモア的な音響詩という性格からこのようなタイトルをつけたと思います。バロウズ的なのはこちらのケースですが、音楽的には物足りず、その後、この方向性を追求することはありませんでした。「Lowest Music 2」の一部はTRAXの「The Cop Killers」[71]に借用されました。

| Material Action 2 |

………1982年9月から10月にかけてＬＰレコード「Material Action 2」[72]のための録音とミックスが行われています。こちらのジャケットのデザインは村山守さんが担当されています。

　当時はレコード・マスタリング用にアンペックス 456[73]などの1/4インチ・オープン・リール・テープを用意しなくてはならず、オープン・デッキを備えたスタジオで作業する必要がありました。スタジオはジャンクション・ミュージック・ワークスを使用しています。「Yantra Material Action」の際はあらかじめ完成させたカセット・マスターをリマスターする作業でしたが、「Material Action 2」の場合は複数のカセットをスタジオに持ち込みライブでミックスし、さらにキーボードなどをオーバーダブしました。カセットの素材としては水谷のシンセや写植機械の音など以前から使用しているものでしたが、ＡＢ面一曲ずつの長いトラックにするアイデアがありました。

　当時は、カセットはその場その場のリアルタイムな音の実験をラフな状態でそのままリリースする。レコードは製品としてもう少し作り込んだ形にしたいという意向があったと思います。当時ロウエスト・ミュージック＆アーツのカセットは全て手作業で一本一本高速ダビングしていました。ジャケットのアートワークやコピーも全て一人で行っていました。またリリースの本数も数本から多くても百本ぐらいで、これに比べてレコードは千枚ぐらいでしたからジャケットなどもプロのデザイナーに頼んだわけです。

| Dying Mapa Tape |

………1982年4月から5月にかけて「Dying Mapa Tape」の録音とミックスが行われています。こちらの作品はアメリカのレーベルAEONからの依頼によって制作されたのでしょうか。なお「Dying Mapa Tapes」は「Zombiestructure」というテープと同時期に録音されていたようです。

　AEONの依頼によりリリースしました。この作品のマスターは手元にありません。メンストゥルアル・レコーディングスの再発[74]では「Merzbox」のデジタル・マスター[75]を元に音量の左右のバランスなどが調整された形でリマスターされています。「Zombiestructure」は元々オープン・テープに録音した作品で、ギターを使用していると思います。全体的には「N.A.M.」の録音なども含まれており、これまでの作業をまとめたような印象ですが、密教インダストリアルなアトモスファーというか雰囲気的なものが加味されているような気がします。

　当時のカタログの解説には「タイトルはチベット密教の古派Nyingmapaからとられた。ＤＭＴシリーズは身の回りの様々なシャーマニック・ノイズ──その多くはテレビやラジオからとられた。天皇とミッテラン大統領の演説、イタリアにおけるダイオキシン汚染問題、ベトナムにおける枯葉剤作戦が引き起こした奇形児発生のニュース番組等。──それに工業ビートが付加された。いくつかのチューンはチベットの儀式音楽からリズムを借用している」とあります。

| Normal Music |

………1982年には「Normal Music」[76]という作品も制作されており、こちらの録音はオルガンとギターによる演奏からスタートしています。このころのインダストリアルなテイストの作品とは違うスタイルを提示するため、あえて「ノーマル」なスタイルの録音を発表されたのでしょうか。

「Normal Music」は後述する「Le Cuisinier」[77]「Kibbutz」[78]と並んで水谷とのスタジオ・ライブです。特に何かを目指している演奏ではないと思います。一応、ニュー・ウェイブを通過した感はあると思います。水谷がオルガンを弾きまくっているのが印象的です。リズム・ボックスを垂れ流しながらドラムを一緒に叩いている点でドラム演奏に集中しているわけではなさそうです。コンタクト・マイクをシンバルか鉄板につけて叩いていたり、水谷がマイクのフィードバックをやっていたりします。当時、水谷とのデュオでスタジオに入ることは次第に少なくなっていきました。ソロでのスタジオ・ワークに専心していたためです。また特にデュオでのセッションの必然性がなくなっていたというか、とにかくこの時期としてはレアなスタジオ・セッションだったのでリリースしたのかもしれません。

なお、1980年から1982年にかけての未発表曲を集めたものとして、「Mechanization Takes Command」[79]という作品もあります。

| Insane Music for Insane People Vol. 3 |

………1983年にベルギーのインセイン・ミュージックからリリースされた「Insane Music for Insane People Vol. 3」[80]というオムニバスのカセット・テープには、「メルツバウ+α」という名義による「Envois #4」と「Envois #5」という1982年に録音されたトラックが収録されています。

「Insane Music for Insane People Vol. 3」収録の二曲も渋谷のジャンクション・ミュージック・ワークスで録音されたものです。何か爽やかなアンビエント・ダブみたいな曲です。演奏は私が行っているみたいですが途中のボーカルとミックスはK、また機材も全てスタジオにあるものです。メルツバウ+αの他に「ヴァケーション・オブ・メルツバウ・ロウエスト・ミュージック＆アーツ」名義でフランスのタゴ・マゴというレーベルが出した「Paris Tokyo」[81]というカセット・コンピや、TRAXのコンピ「Anthems」[82]にも似たようなノイズではない作品を録音しています。こちらはKも演奏しています。

Kとはトーキング・ヘッズの「リメイン・イン・ライト」[83]やロキシー・ミュージックの「アヴァロン」[84]など当時の評価する音楽の趣味が一致し、ほんの少しばかりそうした片鱗が伺えるかもしれません。これらはたまたまスタジオにたむろしているときにコンピ参加の依頼があったので、スタジオ機材で遊びながら作ったものでその後のメルツバウの音楽との連続性はありません。

| 灰野敬二＋ラリハ＋秋田昌美 at 発狂の夜 |

………1983年ごろはギタリストのラリハさんとシークレッツ（Secrets）としての活動もされていたようです。

正確な日付はわかりませんが、1983年初頭頃に青山の「発狂の夜」でライブに参加しました。「発狂の夜」は青山学院の脇の首都高のトンネルの前にあったライブハウスです。当時知り合いだったラリハ氏に特に詳細を聞くことなく誘われて行きました。

ラリハ氏がベースで私がドラム。そして、灰野敬二氏がギターとボーカル。ラリハ氏とはシークレッツでスタジオ録音はしていました。灰野氏は初対面でした。もちろんロスト・アラーフの頃から彼のライブは見ていたし凄いミュージシャンだという認識はありました。リハもなしで本番一発勝負だったように記憶しています。とにかく思い切りドラムを叩きました。終わったあとに「君は変なドラムを叩くね」と灰野氏に言われたことを覚えています。

ごく最近になって、米のブラック・エディションズのピーター・コロヴォス氏からこのときのライブは「不失者」だったときいて驚きました。「不失者」に参加できていたとは光栄です。灰野氏のアーカイブに録音も残っているようです。

このライブの重要性は灰野氏との記念すべき初共演だということと同時に対バンがヌルだったということです。

………1983年7月にはシークレッツの「Live Numbers」[85]の録音が行われており、ストラトスフィア・ミュージックからリリースされています。

　シークレッツはラリハ氏のネーミングとアイデアで、最初の録音は私が中心になって出版した同人誌「アルカナ」[86]に付属していたソノシート[87]で、これは大駱駝艦の音響をやっていた人のスタジオで録音しました。最初は二人だけでやっていましたが、のちにストラトスフィア・ミュージックのMasakiがベースで加わりました（Masakiは元S−Kenの江口勝敏の弟）。最初のライブは1982年の4月に福生のクラブ49で行いました。このバンドの音はハードなサイケデリック・ロックです。全て即興でした。ストラトスフィア・ミュージックから出ている「Live Numbers」は1983年のスタジオ・ライブです。

｜ストラトスフィア・ミュージック｜

………ストラトスフィア・ミュージックというレーベルは1982年にMasakiさんが立ち上げており、1982年には「メルツバウ＆マサキ」という名義で「Tatoo Junk」[88]という作品を制作しておられます。そして、1983年の秋ごろにオムニバスのピクチャー・レコード「四十日四十夜」[89]がストラトスフィア・ミュージックから発売されており、マウリツィオ・ビアンキ／ボルビトマグース／DDAAなどのほかに、メルツバウの「Envoise 1−83」というトラックも収録されています。当時のピクチャー・レコードの音質はあまりよくなかったようですが、あえて音質的なダメージを与えようとされていたのでしょうか。

　「Tatoo Junk」は手元に音源がなくどのような作品だったか覚えていません「四十日四十夜」については海外アーティストの紹介、アートワークなど全面的に協力しました。ピクチャー・ディスクを制作した日本ミュージカラーではのちにメルツバウの「Antimonument」も制作しました。音質の問題は、認識はしていましたが特に意図したものではありません。

｜メルツバウ・ヌル｜

………メルツバウ・ヌル（Merzbow Null）としてヌル（Null）の岸野一之さんや岡野右史さんたちとの活動をスタートさせた経緯についてご記憶はございますでしょうか。また、1983年の秋には秋田さんのレーベル、ＺＳＦプロダクト（ZSF Produkt）が始動していたようです。なお、岸野さんとのデュオではチベタ・ユービック（Tibeta Ubik）という名義となることもあったようですが、こちらは1969年に出版されたフィリップ・Ｋ・ディックの小説「ユービック」[90]と関係はございましたでしょうか。

　前述の「発狂の夜」出演からしばらくしてヌル（Null）の岸野君と意気投合してメルツバウ・ヌルを始めました。当時のヌルは岸野君と岡野君のデュオでした。
　吉祥寺の音楽スタジオで一回リハを行い、1983年7月25日に吉祥寺ギャティで「ヌル＋秋田昌美」の名義でライブを行いました。私はドラムでシンバルにコンタクト・マイクをつけて演奏しました。岸野君がギターとボーカル。岡野君がヴァイオリン。この日のライブは「Darh Eroc Evil」[91]（Hard Core Liveの逆さ読み）と名付けられてカセット・リリースされました。
　メルツバウ・ヌルは基本的にライブ・バンドで、スタジオで練習はあまりしなかったし、スタジオ録音も行いませんでした。のちに水谷がキーボードで参加したり、古舘徹夫氏がゲストで加わったりしました。
　毎回ライブを録音してカセット・リリースしました。そのためにレーベル、ＺＳＦプロダクトを作りました。しばらくして岸野君もレーベル「Ｎｕｘオーガニゼーション」を立ち上げてメルツバウ・ヌルの作品を相互にリリースするようになりました。
　「Drah Eroc Evil」は岸野君の制作です。以下、「Yapnord Rasa」[92]「Twilght Oaum」[93]「Deus Irae」[94]なども岸野君の制作で他は私の制作です（マスタリング、ジャケットなど）。岸野君とのデュオをチベタ・ユービック名義にしたのは岸野君のアイデアで、ネーミングはおそらくフィリップ・Ｋ・ディックでしょう。
　メルツバウ・ヌルは吉祥寺のギャティを中心に学園祭、ギャラリー、公会堂などさまざまな場所で演奏しました。千葉あたりのパルコ（？）でも演奏した記憶があります。ハナタラシとの交流から関西へ出向き大阪のスタジオあひる[95]などでも演奏しました。

………1984年にプロダクション（Produktion）のポール・ハーストとクリスティーン・グローヴァーが来日して、秋田さんたちとラ

イブをされていたようです。

1984年8月にプロダクションのポール・ハーストとクリスが来日しました。彼らは私の実家に泊まっていました。

8月24日の渋谷ラママでの彼らとメルツバウ・ヌルの演奏は「Merzbow Null – Produktion」[96]のB面に収められています。8月26日の神楽坂エクスプロージョンの演奏はA面の一曲目に収められています。エクスプロージョンでのメルツバウ・ヌルは「Merzbow Null – Disembody」[97]に収録されています。メンバーは岸野君がギター、岡野君がヴァイオリン、秋田と竹谷氏[98]がドラムで山塚君[99]は参加していなかったと思います。

のちにハナタラシのドラマーの竹谷氏はメルツバウを単独で大阪に呼んでくれました。そのときは水谷とアジャンスメンの島田さんが加わっていました[100]。

メルツバウ・ヌルはドラマーとして参加しましたがドラマーとしてのスキルを伸ばそうという考えはなく、ただひたすら叩くだけのシンプルな発想でした。シンバルにコンタクト・マイクをつけたりと私自身のノイズ的アウトプットは最低限に留めていました。そのため、最後の方はフラストレーションからドラムを叩かずにテープ・ループだけということがありました。

| Le Cuisinier／Kibbutz |

………1983年7月には吉祥寺のスタジオにおいて、秋田さんのドラムとエフェクト／水谷さんのギターによる「Le Cuisinier」[101]と、秋田さんのギターとドラムとエフェクト／水谷さんのキーボードによる「Kibbutz」[102]の録音が行われており、これらの録音はアプローチがかなり異なるように感じられます。

この二作は1983年7月3日に録音されたセッションのカセットのA面とB面です。楽器を持ち替えているので演奏の感じが異なっています。

| Musick for Screen |

………1983年8月ごろに制作された「Musick for Screen」[103]という作品があります。

吉祥寺ギャティでのパフォーマンス用に制作された音源です。リヒテルのレコードを使用しています。私はテープ操作とスライドを上映しました。スライド・プロジェクターは実家から持ってきた手動式の古いもので、おそらく何か熱源(ライターの火など)をスライドに近づけてフィルムを燃やしてスタン・ブラッケージのような効果を出しました。ライブでは水谷がコントラバスを弾いたような記憶があります。

| Musick from Simulation World |

………1983年にはポール・ハーストらが運営していたプロダクション(Produktion)という自身のユニット名と同名のレーベルから、「Musick from Simulation World」[104]という作品がリリースされています。非音楽的な立場からスタートしたメルツバウに、これらの作品であえて「Musick」という単語を冠したことにはどのような意図があったのでしょうか。また「Simulation World」とは何を示しているのでしょうか。

「Musick」はMusicとMagick(アレイスター・クロウリーの用語)を合わせた造語で当時の流行です[105]。また「シミュレーション」は現在使われている模擬実験などという意味ではなく、ボードリヤールが当時使用していた意味の方で記号が錯乱する情報産業社会的なニュアンスで使用しました[106]。

「Mechanization Takes Command」から後述する「抜刀隊」[107]の前までのメルツバウの作風は海外のインダストリアル・ムーブメントに呼応したスタイルと言えます。プロダクションからリリースしたのもそのような意図がありました。

｜ジョン・ダンカン｜

………このころからジョン・ダンカンとのご交流があったようです。

　ジョン・ダンカンが東京に住むようになってから交流を深めました。知り合ったのは1983年頃だと思われますが、おそらくプロダクションのポール・ハーストあたりの関係でしょうか。

　プロダクションは1984年にダンカンの冊子を出していましたし、「ディスク・ノワール」[108]という海賊ラジオを行ったり、ショートウェイヴを使ったりしたライブなどでもダンカンと共通点がありました。

　1985年1月に夢の島（当時）で一度、一緒にパフォーマンスも行いました。そのとき私はテープ・ループを演奏しました。竹田賢一氏もいたような気がします。無観客で記録もなく、ゲリラ的なパフォーマンスでした。

　確か下北沢の粉川哲夫氏らの放送局「ラジオ・ホームラン」[109]の中にダンカンの「ラジオ・コード」[110]という番組がありました。「ラジオ・ホームラン」はいわゆる「自由ラジオ」「ミニＦＭ」の濫觴ですが、微弱電波で電波の届くのはごく狭い限られた範囲でした。ダンカンは1985年頃には自宅近くの旧米軍病院（旧相武台陸軍病院？）の廃墟に侵入して海賊放送を行っていました。一度、一緒に行ったことがあります。自宅でもやっていましたが、内容は普通のＤＪで、トール[111]か何かをかけていました。

　ダンカンがアムステルダムやイタリアへ移住してからも何度か会っています。

｜Merzbow & Xerosx／Aerovivanda｜

………勝賀瀬譲さんは、当時の秋田さんの自宅のすぐ近くのアパートをピサーシック・オフィス（Pisarcik Office）と称して、タトゥー・ジャンクという名義による作品[112]などを制作していたようです。そして、1983年11月には「メルツバウ＆Xerosx」という名義による「Aerovivanda #1」[113]「Aerovivanda #2」[114]という録音が行われており、Xerosxとは勝賀瀬さんを示すようです。なお、先に触れたように秋田さんはMasakiさんと「Tattoo Junk」という作品をリリースしており、さらに東京メール・アート・センターからすでにメール・アート・マガジン「Xerosx」も発行していました。

　勝賀瀬譲君はメルツバウのファンで四国から私の家の近くに引っ越してきました。そして彼のシンセなどの機材を使用したりして作ったのが「Aerovivanda #1 & #2」です。Xerosxのネーミングは彼が好んでつけたようです。

｜Yahatahachimanほか｜

………1983年には「Lotus Club」[115]「Yahatahachiman」[116]「Escape Mask」[117]「Worker Machine」[118]などの録音も行われており、これらはニュー・ウェイヴやインダストリアル・ミュージック的なアプローチがあるように感じられました。

　「Lotus Club」と「Yahatahachiman」は「Aerovivanda」で行った傾向のことを自分一人で行ったものです。

　「Escape Mask」はギターを中心に作ったインダストリアル／グランジ風の作品で当初あまり気に入らずに長い間オクラにしていましたが2012年のＶＯＤのボックスで復活させました。

　「Worker Machine」は英Ｘトラクトのコンピレーション「Three Minute Symphony」[119]に使用した「Xa–Bungle」を収録した作品です。タイトルは「戦闘メカ ザブングル」[120]に登場する「ウォーカーマシーン」の「Walk」を「Work」に変えて使用したもので、特にアニメとの関連はありません。リズムを主体にしたポップ・インダストリアルな作品です。一部気に入らないパートがあるため、のちに没にしました。

｜Chant／Age of 369｜

………1984年にはＺＳＦプロダクトが本格的な活動を開始していたようで、メルツバウ関係のカセット・テープの最初のリリースは「Chant」[121]です。こちらの作品が1996年にオーストラリアのエクストリームからＣＤ化された際には「Chant 2」[122]というタ

イトルへ変更されています。

　　「Chant」はラジオ、金属音のループ、壊れた機材などを使用して制作された作品です。最初は「Chant」でしたが、いつの間にか「Chant 2」になっています。経緯は覚えていません。現在流通するメディアの複数のバージョンを確認しましたが一部A面とB面が入れ替わっている他は「Chant」も「Chant 2」も内容は同じでした。

　………1984年7月には「Sonic Commando」[123]が阿佐ヶ谷のスタジオで、そして、「Dadavida」[124]が新宿のスタジオで録音されていたようです。

　　これらは水谷が入ったスタジオ・セッションで、パーカッシブな要素のあるロック的な作品です。この時期ではレアなスタジオ・セッションでメルツバウ・ヌルとの類似性もあります。

　………1984年9月には「Age of 369」[125]の録音が行われていたようです。

　　「Age of 369（弥勒の世）」はループにフィードバック・ノイズ、鎖などの金属音などを使用した作品でホラー映画の音をカットアップしています。「Chant」と「Age of 369」は「Musick from Simulation World」に次ぐ新たなスタイルを確立したこの時期の代表作と言えます。エクストリームから二作カップリング[126]でもリリースしました。

｜Life Performance／Pornoise 1 kg｜

　………1984年の9月から12月にかけて「Pornoise 1 kg」[127]の録音が、そして、1985年1月から2月にかけて「Pornoise Extra」[128]の録音が行われています。また、このころには「Life Performance」という作品も制作されています。

　　「Life Performance」と「Pornoise 1 kg」は当初メール・アート／メール・ミュージックのコンセプト作品として企画されました。「Life Performance」はメール・オーダーを受けてから制作する一点もので、全て内容が異なっていました。おそらく数点しか制作されませんでした。現在、それらのマスターは残っていません。現在流通する「Life Performance」はこの制作過程で正式にリリース用にまとめたものです。複数のレーベルからリリースされています。「Life」と「Live」のスペルが異なっているバージョンがありますが、「Life」が正しいです。
　　「Pornoise 1 kg」のコンセプトは五本のカセットと付属のゼロックス・アートの総重量が1kgになるというものです。これもメール・オーダーを念頭に置いて製作したもので、付属のアートワークは全て異なる一点ものですが音楽は同一です。オリジナル・ジャケット・アートワークは雑誌のページにそのままコピーしたウルトラマン怪獣図鑑のコラージュが使用されていました。音楽の内容は歪んだテープ・ループにノイズのラフでハードなもので、大体は一発録りです。

｜Collaboration Through the Mail 83/84｜

　………1983年から1984年にかけて、詩人でもあるジャン＝ルイ・ウシャールとのコラボレーションが行われており、のちに「Collaboration Through the Mail 83/84」[129]としてブックレットの付属したカセット・テープがリリースされています。

　　ジャン＝ルイ・ウシャールとは「Sphinx」誌のメール・アートのコンタクトで知り合いました。コラージュやドローイングを行うメール・アーティストで音楽家でもあり、ジョン・ケージの研究家ダニエル・シャルルと一緒に本[130]も出しています。これはタイトル通り郵便でカセット・テープを送り合って制作したものです。

│ Ushi－Tra │

………1985年2月／4月に録音された作品「Ushi－Tra」[131]がアメリカのコーズ・アンド・エフェクトというレーベルからリリースされています。こちらのカセット・テープにはインタビューを収録したブックレットが付属していたようです。

　　タイトルは「Age of 369」同様に大本教から取っています。当時、大本教をはじめとする新興宗教や超古代史、偽史に関心があり、そのような情報をスライドしたものです。また、海外のインダストリアル・シャーマニズム的な動向（サイキックＴＶ、カレント93、ゼロ・カーマ、ヴァギナ・デンタータ・オルガンなど）との共振もあるかと思います。音の内容的に新しい試みとしては、シンバルに当時導入したデジタル・ディレイを多用して雰囲気を出したり、声明のような声を使ったりしています。これらは今考えると一過性の試みでした。残りのノイズ的な部分は次作「Antimony」[132]「Sadomasochismo」[133]にも継承されています。
　　ブックレットのインタビューは「オプション」誌に載ったもの[134]の再録です。コントロールド・ブリーディングのポール・レモスがインタビュアーでした。

│ Agni Hotra／Antimony／Sadomasochismo │

………1984年から1985年にかけて、ＬＰレコード「Agni Hotra」[135]のための録音とミックスが行われていたようです。

　　これはスウェーデンのサイケアウト・プロダクションズからリリース予定だったメルツバウの二枚目のレコード・アルバム用に制作されたものです。水石の写真を使ったジャケットも制作しましたが結局リリースされませんでした。内容的にはグルーブのあるループを使ったノイズ的作品です。

………1984年から1985年にかけて「Antimony」[136]の録音とミックスが行われており、こちらのセカンド・テイクとなる作品「Sadomasochismo」[137]がＺＳＦプロダクトからリリースされています。

　　ジョン・ダンカンのレーベルＡＱＭ[138]からのリリース用に制作したものです。オリジナル・カセットの「Sadomasochismo」というタイトル・ロゴはイタリアの雑誌からそのまま切って貼り付けたものです。インダストリアル・シャーマニズムの作風で「Ushi－Tra」のギミック的な部分を取り去りメルツバウの本道に沿った作品といえます。

│ 抜刀隊 with Memorial Gadgets │

………1985年にはアメリカのRRレコーズ（RRRecords）からリリースされた二枚組ＬＰレコード「抜刀隊 with Memorial Gadgets」[139]のマスター・テープが完成していたようです。

　　ＲＲＲのリリース用にこの時期に録音していたさまざまな作品を選びました。大別すると、ミュージック・コンクレート的なものとループ的なもので、ループ的なものはノイズ的なループとループに電子音などがかぶさるものです。ＲＲＲにはこれらのテープを全て送りましたが、最終的に選曲はＲＲＲが行いました。それがレコード版の「抜刀隊」です。ＲＲＲが選曲しなかった部分は「Agni Hotra」以降のグルーブを持ったノイズ的なループの作品で、この点は当初不満でしたが、それはのちにＣＤ版「抜刀隊」[140]の二枚目の方に収めました。
　　レコードのアートワークは村山守氏に依頼しました。写真やイラストも全て村山氏が選んだもので、裏ジャケの筆書きのアートワークは私のものです。
　　ループ的な作風は以前からの継承ですが、この作品で新しく試みたものはミュージック・コンクレート的なものです。それもINA/GRMやシュトックハウゼンなどのレコードをサンプリングしています。当時はまだサンプリングという用語はなかったように思います。また、著作権についての認識も今のようにありませんでした。ちょうど、写真雑誌を切り抜いてコラージュを作るのと同じような感覚です。より具体的な音のイメージをそのまま採集して貼り付けるという作業です。

例えば、こういう電子音が欲しいけれども機材もないのでレコードから取るという発想です。ただ、そのまま取るのではなく、回転数を変えたり、エフェクトをかけたり、部分的にカットアップしたりしています。それらの音をミキサーのフィードバックなどで作った自前の電子音や打楽器などの具体音とミックスしています。ですので、本当のミュージック・コンクレートではなく、フェイクなミュージック・コンクレートという意識です。

………「抜刀隊 with Memorial Gadgets」のＡ面に収録された「This Dying Toad Become Forth with Like Coal for Color Black」と「One Eyed Metal」というトラックは、たしかにINA/GRM系のミュージック・コンクレートのようなニュアンスがあります。なお「This Dying Toad……」はタイトルが同一でなければ、「Agni Hotra」のセカンド・ミックス版[141]と共通する作品であるとは分からなかったと思います。

「Agni Hotra」を録音した際に「This Dying Toad Became Forth with like Coal for Color Black」が既にあったので、これがレコードを使ったミュージック・コンクレート的な作風の最初の作品かもしれません。サックスのパートは確かジョン・ギルモアか何かをサンプリングしています。
　「This Dying Toad……」のタイトルは「ジョージ・リプリー卿の幻視」[142]という錬金術のテキストから取っています。また、「One Eyed Metal」は一つ目たたら伝承[143]から取っています。

………秋田さんは「抜刀隊」について、「アルバムのもう一つのテーマは、博物学者の田中芳男Yoshio Tanaka（1838−1916）という人物です。この人は理学者の伊藤圭介の弟子で、江戸幕府、明治政府に仕え、1873年のウィーン万国博覧会や1889年パリの第4回万国博覧会に責任者として派遣されたりした近代日本の博物学の祖ともいうべき人物で最大の功績は東京上野動物園、博物館を作った事です。農商務省博物局長や貴族院勅選議になり、後に男爵になった」[144]と述べておられます。

　やはりレコードのアーカイブからいろいろな音を採集するというアルバムに特徴的な方法論が博物学とコンセプト的に近いと思ったのか必然的に田中芳男と結びつきました。「Semikyoku」[145]「Wild Animals and Polyhedral Garden」[146]などの曲に田中芳男の舎密局、動物園との結びつきがあります（田中芳男の長女奈津子の三男美津男が私の母方の祖父にあたります）。
　ＣＤ版はＲＲＲから何度か再発されましたがジャケット・アートワークに関して不満がありました。最初のエディションでは色指定を間違えています。また、以降はこちらの意図に反したジャケットを勝手に作ってリリースするので、中身のＣＤだけ貰ってジャケットを自分で印刷することにしました。「抜刀隊」のＣＤに多くのバージョンがあるのはそのためです。現在流通しているバージョンは2004年に日本で自主制作したものでジャケットに田中芳男関連の写真を使用しています。

| The Lampinak |

………1985年の8月から9月にかけて「The Lampinak」[147]の録音とミックスが行われています。

　タイトルの「ランピナク」は鹿島昇／Ｐ・チャロエンワンサの「バンチェン／倭人のルーツ」[148]からとったものです。65ページに「ランピナク」という章があり、その中に「ボルネオでは＋はランピナクというシャーマンの標識であって、神的宇宙の全体性を意味する」とあります[149]。
　ジャケットの写真は神戸三宮の文明堂薬局の双頭鹿の写真をどこかから拾ってきて借用したものです。内容は当時作っていた作品のアルバム未使用のものを集めたものです。

| Antimonument |

………1986年のメルツバウ単独のリリースとしては、ＺＳＦプロダクトからのピクチャーＬＰレコード「Antimonument」[150]しか確認することができませんでした。秋田さんは「Antimonument」というタイトルについて、「ストレンジ・アーキテクチャー」へのオマージュであると述べておられます[151]。すなわち、ニュートン記念堂などの革命建築／ゲーテアヌム／二笑亭などのような建築

からインスパイアされた音響作品を構想されていたということでよろしかったでしょうか。

　1986年に作品数が少ない理由は定かではありませんが、以前のように大量にカセットをリリースするのではなくレコードを中心に展開を考えるようになったという理由もあるかもしれません。「Antimonument」はＺＳＦプロダクトの自主制作レコードの第一弾です。テーマはおっしゃるように「ストレンジ・アーキテクチャーな音響作品」です。ジャケットのアートワークは建設途中のゲーテアヌムで、伊勢神宮や神代文字などと複数の意味を掛け合わせています。村山守氏にデザインを、日本ミュージカラーにレコード制作を依頼しました。背景のイラストは自分の作品です。

　「抜刀隊」や「Ushi-Tra」で試みたシンバルや金属打楽器の生録音に空間エフェクトを加え、さらにテープやノイズ・エレクトロニクスを加えています。また、ループやレコードのサンプリング、スタジオ・ライブなども断片的に使用しています。

　マレットによるシンバルの通低音や民俗音楽的打楽器、深い空間的エフェクトにより、工業神秘主義的作風であるかもしれません。

│動物福祉についての報道から│

………1986年2月に発行された「月光」誌の第10号には、秋田さんの「動物福祉についての報道から」という原稿が掲載されています。こちらの原稿では国内の動物福祉問題の報道のほかに、アニマル・リベレーション・フロント（ＡＬＦ）や1985年にリリースされたＡＬＦへのベネフィットとしてのオムニバス・レコード「Devastate to Liberate」について言及されています。そして「この手の動向の傾向が皆無に近い日本の海外音楽メディアの現状に起因してか、ノイズ・パフォーマンスでは平気で動物を虐待するというような考えを生んでいるようだが誤解もはなはだしい」[152]と発言されています。

　私は「Devastate to Liberate」で初めてＡＬＦなど海外のアニマル・ライツの活動を知ったのだと思います。しかし、当時は単純にノクターナル・エミッションズなど海外のノイズ系アーティストたちがなぜ動物実験の写真を使うのだろうという疑問から、なるほどそういう思想的背景があったのかと気づいただけでした。しかし、当時から猫を飼っていたので動物福祉には関心がありました（動物の権利＝アニマル・ライツという考えはまだありませんでした）。また、昔から土方巽や大駱駝艦関係など暗黒舞踏やアート・パフォーマンスで動物が殺されたりする記述を読むにつけ、やり場のない怒りを感じていました。また、当時一部のノイズ・パフォーマンスで犬猫が殺されたりといったことが実際にあり、非常に困惑していたため、このような記事を書いたのだと思います。

│雑誌「ＥＧＯ」│

………1986年8月に発行された「ＥＧＯ」誌の第6号において、秋田さんは48ページにわたる特集の構成を担当されており、ナース・ウィズ・ウーンドやP16.D4などを紹介されています。そして、1986年10月に発行された「ＥＧＯ」誌の第7号は実質的なメール・アートの特集で、秋田さんはこちらにも多くの原稿をご寄稿されています。

　「ロック・マガジン」での執筆[153]は、最初は多分田中浩一さんからのお誘いだと思います。阿木譲さんとは一回だけ電話でお話ししたことがありましたが挨拶程度だったように記憶しています。晩年に一度大阪のライブ会場の楽屋でお会いしました[154]。

　「ＥＧＯ」のときは渡辺靖之さんという方を通しての参加だったと思います。大阪在住の渡辺さんは1982年に「403 vie」というシュルレアリスムの同人誌を出版されていて、その頃から交流がありました。最初はダダ、シュルレアリスムの研究で有名な江原順氏の出版を進めていらっしゃいましたが、その後、メール・アートの方でもお付き合いができ、「ＥＧＯ」でメール・アートをやるというので参加のお誘いがありました。渡辺さんは1995年に「パチンコ美術論」[155]を出版しています。

　当時私はメール・アートからはやや離脱していました。メール・アートという環境での不特定多数とのコミュニケーションよりも一部のアーティスト同士との密な関係に移行していたからだと思います。その代表的なものがS.B.O.T.H.I.のアヒム・ヴォルシャイトとのメール・コラボレーションです。

| Nil Vagina Mail Action |

………1986年には「Nil Vagina Mail Action」と記された直径25cmほどの円形の印刷物が製作されています。こちらの印刷物は再生できないアンチ・レコードとして製作されていたのでしょうか。それともメール・アートのために製作されていたのでしょうか。

　このピンク色の円形の印刷物はメール・アートで使用したものです。元はストラトスフィア・ミュージックが日本ミュージカラーでレコード[156]を制作した際ジャケットを円形に切り抜いたときに出る余りに印刷してもらったものです。

| Ecobondage |

………1986年12月から1987年7月にかけて、ＬＰレコード「Ecobondage」[157]のための録音が行われています。B面の１トラック目の「Ha Ha Ho Bari」というタイトルにはどのような意味があるのでしょうか。

　おそらくこの作品あたりからタスカムのPorta Two[158]というＭＴＲをミックスで使用するようになったと思います。dbxというノイズ・リダクションを搭載しており高域がカットされ中域が詰まったような特徴的な音がします。また、4トラックで裏面の音が逆再生で聞こえるのでこの効果も多用しています。チベットのラグドゥンのような音は紙製の筒を吹いて出しています。「Ha Ha Ho Bari」は相似象用語で「破裂」「衝突」「虚空にある巨大なエネルギー」を表しています[159]。レコードのスクラッチが多く現れるのもこの作品あたりからです。A面最後では応援歌のレコードをスクラッチしています。改めて聴くと全体にオブスキュアなテープ音楽のような印象を受けます。衣裳ケースを使用しているようですがまだピアノ線は張っていないようです。

| Enclosure／Vratya Southward |

………1987年7月には「Enclosure」[160]の録音とミックスが行われており、この年には「Vratya Southward」[161]という作品も制作されています。そして、1987年以降にＺＳＦプロダクトからリリースされたカセット・テープのインデックスはカラフルなものになっています。なお、1986年には理想科学工業から「プリントゴッコB6ハイメッシュセット」という家庭用の孔版印刷器が発売されて大ヒットしています。こうした印刷機をこのころ導入されたのでしょうか。

　この二作は「Ecobondage」のセッションの際の素材、別ミックス、未発表音源です。「Ecobondage」本編に比較してシンプルなライブ的なミックスだと思います。「Ecobondage」のリリースのあとにカセット・リリースしたと思います。
　この頃からカセットのインデックスはプリントゴッコで印刷するようになりました。

………1987年には「Fission Dialogue」[162]という作品もあります。

　これは「Ecobondage」と後述する「Storage」の未発表セッションを収録したもののようです。

| Crocidura Dsi Nezumi |

………1987年8月には「Environmental Percussion Vol. 1」[163]や、アメリカのバーンド・プロダクションからリリースされた「Crocidura Dsi Nezumi」[164]の録音も行われており、後者のブックレットに記された機材のリストには「Environmental Percussion」が含まれています。ＣＤボックス「Strings ＆ Percussion」[165]の解説において、Environmental Percussionの「アイデアは1982年の『Material Action for 2 microphone』の頃から存在し、具体的には部屋の床や壁を叩いたり、身の回りの様々なものや、小さな物体をコンタクト・マイクで拾い、増幅し、リバーブやディレイなどの空間エフェクト処理を加える事で獲得される音響を意味する。／このアプローチにおける主な使用素材は、発泡スチロールの塊（床などを叩く為に使用）、プラスティック製のカセット・ケースやカード（バイオリンの弓で弾く）、輪ゴム（つまびく）、トイレット・ペーパーの芯（吹く）、ガス・ストーブやテーブ

ル・ランプ（メタル・パーカッション）等で、歪んだエフェクト加工によるノイズとは異なる機微と手触りを持ったアンプラグドな雑音が発せられる。／『Material Action for 2 microphone』においてはこの手法は（John CageのCartridge Musicに似たようなかたちで）ノイズ的なサウンドを獲得する目的で用いられていたが、後の『Ecobondage』(1987)、『Storage』(1988)といった時期の作品ではより音楽的なかたちで用いられており（略）加えてこの時期の録音には、トタン製の衣装ケースの内側にピアノ線、ギター弦、スプリングなどを張り、それをバイオリン・ボウで弾いて発音する新しい自作楽器が用いられている。この楽器はトタンの箱の中に様々なオブジェクトを入れて揺さ振ったりしてメタル・ジャンク的な音を出すことも可能な仕様だが、この時期の録音では主に弦楽器的なサウンドを発する用途で用いられ、このサウンドとEnvironmental Percussion、更にエレクトリック胡弓、横笛、縦笛などの響きを適時ミックスすることによって最終的な作品が形作られている」[166]と記されています。

これは以前からやっている環境打楽器の演奏に自家製弦楽器を加えてあたかもオーケストラのように擬似的に音を組み立てたものです。いわば非楽器によるアンサンブルです。

| De−Soundtrack |

………1987年10月4日には、バーンド・プロダクションからリリースされたオムニバスのカセット・テープ「Ne」に収録された「De−Soundtrack No. 1」のミックスが行われています。こちらの作品は水谷さんのギターの録音や映画「地球防衛軍」のドラマ編レコード[167]などが素材として使用されていたようです。

これは「地球防衛軍」のサントラをサンプリングしているのでこのようなタイトルにしました。元は水谷との自宅でのセッションでたまたまジャズ風の音になったのでこれを冒頭に持ってきています。

| Merzbow＋S.B.O.T.H.I.「Collaborative」|

………1988年3月8日にはS.B.O.T.H.I.のアヒム・ヴォルシャイトから送られた素材をもとにして、秋田さんは「Joint」と題した録音を行われています。こちらの録音は、メルツバウとS.B.O.T.H.I.のコラボレーションによるLPレコード「Collaborative」[168]のB面に収録されています。

この時期のコラボレーションで最も重要なのはS.B.O.T.H.I.と行ったものです。アヒム・ヴォルシャイトとのやりとりは非常に緻密で丁寧なもので、音とゼロックス・アートの双方をやりとりしました。お互いに五分程度の短いトラックの入ったカセットとアートワークを送り合い、それを元に作ったものを再び送り合い、更に手を加えて送り合う。その繰り返しを十回ぐらい行いました。

当時、S.B.O.T.H.I.をはじめとするゼレクチオンのアーティストたちが行っていたエキスチェンジド・ミュージックやターンテーブルを使ったレコードのスクラッチなどの手法には影響を受けました。S.B.O.T.H.I.はセルフビルドのカットアップ・マシーンで音を切り刻んでいました。

この作品はオーストラリアのエクストリームからレーベル最初の作品としてリリースされました。また、この十周年記念のリリースとして再発が計画されましたが、そのプランは拡張されて「Merzbox」という五十枚組CDになりました。

ゼレクチオンが中心になって始めたと思われるエキスチェンジド・ミュージックは、当時は非常に斬新な手法でした。現在はファイル交換による曲作りは一般的になり、当時のような手法の斬新さやコンセプチュアルな意味合いはないように思います。

| Jazz on Amur |

………1986年からロシアのアムール川の東にあるハバロフスクでは、フェスティバル「Jazz on Amur」が開催されていました。1988年3月に開催された「Jazz on Amur」では電子音楽や実験音楽の特集も組まれており、日本からはメルツバウと上原和夫さんが参加しています。秋田さんは「ソ連側はどうやら我々をHi Techな器材を使って音楽をやるグループだと勘違いしていたようだ。

しかし、我々が持って行ったのはDistortion PedalとかLow Techな機材に過ぎなかった」[169]と述べておられます。このときのメルツバウのライブにはパーカッションのヴィタリー・ルークヤノヴという人物と、ピアノのアレクサンドル・ノスルという人物が参加していたようです。

　1988年3月18日から25日までの旅程で「Jazz On Amur '88」出演のために旧ソ連のハバロフスクへ水谷と二人で行きます。招聘の経緯は覚えていませんが、ソビエト・ユニオンの音楽協会のハバロフスク地域支部のジャズ部門委員長のボリス・ポドコソヴという人とやり取りをしていました。新潟からアエロフロートで二時間ばかりの短いフライトです。機内にハエが飛んでいたのを覚えています。

　我々は非常に歓待され、小人サーカスへ連れていかれました。客席は超満員でした。戦争博物館も行きました。ちょうどペレストロイカでインフレが進行中で、市内のデパートの棚は物不足でスカスカでした。また、旅行客の我々は除外されていましたが現地の人は禁酒政策で酒が買えない。私は今まであまり飲酒の習慣はなかったのですがソ連でウォッカの味を覚えました。

　前にも述べましたが、ソ連の人々がメルツバウの音楽を知っていて招聘したかどうかは疑問です。メルツバウの名前が海外メディアで紹介される機会が増えたので日本の有名な実験音楽のグループだと思ったのでしょうか？

　当時の手紙を見ると、向こうのリクエストとしてはギターやエフェクターは全て持参してほしいとのことで、水谷は自分のギター（進駐軍時代のギター。我々はＭＰギターと呼んでいました）を持っていきました。私はあらかじめ必要機材のリストに「Junk」と書いておいたので、私の機材はエフェクターとテープ以外は現地で調達するつもりでした。鉄製の箱にスプリングか弦を貼ってコンタクト・マイクをつけて使用したのだと思います。

　我々は三回ライブを行いました。最初のセッティング[170]は、私はJunkにコンタクト・マイクをつけて一台のアンプに、もう一台にラジオを繋ぎ、二台のカセット・テープ・デッキをＰＡにラインで送ります。そして、生のティンパニをマイクで拾いました。水谷はキーボードとギターをアンプにそれぞれ繋ぎ、ピアノとティンパニをマイクで拾います。

　このセッティングで三十分ぐらい演奏すると、スタッフがやってきて「いつまで続くか？」と聞くので、たぶん「あと三十分ぐらい」と答えると止めさせられました。

　それで二日目[171]からは普通の楽器を加えて即興演奏っぽく演奏することにしました。ティンパニ、テープはそのままですが、私はドラムを叩き、水谷はピアノとギターを演奏しました。ドラムのシンバルにはリング・モジュレーターをかけてアンプから出しています。するととても喜んでもらいました。二日目は２ステージあり、ＬＰ[172]に入っているのは最初のものです。現地のミュージシャンが参加していますが、音はあまり聞こえません。２ステージ目の方はもう少しフリー・フォームな感じだったと思います。

　持参したエフェクターのいくつかは現地の人が欲しいというので現地のお土産と交換しました。私はバイアン（ボタン式アコーディオン）や人形などを貰いました。レコードもたくさん貰いました。アーセナル・アンサンブル、イン・スペ、アレクセイ・リブニコフ、エドゥアルド・アルテミエフ、ボリス・ペトロフ、エフゲニー・エフトゥシェンコ、ゾディアック、スヴェン・グルンベルグ、デイヴィッド・アゼアリアン・トリオ、ヴァレンティナ・ポノマレヴ、アルタシェス・カルタリヤン、サトなどソ連の最新のシンセサイザー・ミュージック、フュージョン、ジャズなど、当時はあまりピンと来ませんでしたが、アルメニア、エストニア、ウズベキスタンなど辺境のアーティストも多く、後年それらのレコードの面白さに気づき今でも愛聴しています。

　一応ギャラは貰いましたが、ソ連の通貨は海外へ持ち出し禁止されていたので現地で全て使うしか手はありませんでした。仕方ないので帰ったら換金できるようにと貴金属を購入しました。トホホなことに帰ってから銀座のミキモトへ持っていって査定したら全部で二千円でした。

| Storage |

………1988年2月から4月にかけてはＬＰレコード「Storage」[173]のための録音が行われています。こちらの作品は衣装ケース（≒Storage）による自作の器具を全面的に使用して制作されていたのでしょうか。

　「Storage」の録音にはブリキの衣装ケースにピアノ線やギター弦を張った自作楽器の多重録音が使用されました。この楽器は二種類あったと思いますが、ブリキの衣装ケースはどちらも路上で拾ったものです。これらの楽器にコンタクト・マイク（圧電ブザー）を取り付け、ヴァイオリンの弓で弾いたり、叩いたり、また、箱の中にさまざまなものを入れて転がしたりして音を出しまし

た。

　「Storage」は「Environmental Percussion Vol. 1」「Crocidura Dsi Nezumi」のような非楽器アンサンブルをさらに押し進めたもので、擬似的なウェーベルン的無調音楽といったところです。

Storage

| SCUM |

………1988年12月にはSCUM名義による二枚組のＬＰレコード「Scissors for Cutting Merzbow」[174]のためのミックスが完了していたようです。

　「SCUM」のタイトルは1968年にアンディ・ウォーホルを狙撃したヴァレリー・ソラナスのS.C.U.M. (Society for Cutting Up Men）マニフェストから借用しました。エキスチェンジド・ミュージックやカットアップのアイデアをメルツバウ自身に応用するというコンセプトでした。ソ連ツアーもあり、再び水谷とのスタジオ・セッションを頻繁に行うようになり、それらのセッション音源を元に作られています。

　当時、ナパーム・デスが「Scum」[175]という同名のアルバムを出していましたが偶然です。私がグラインドコアやデス・メタルに接近するのはもう少し先のことです。

　SCUM名義の作品はその後いくつかカセット・リリースしました。それらは水谷とのセッションを使用したものもありますが、アルバムと比較してロックとノイズとのコラージュ的な傾向のものです。モーターヘッド[176]やジミヘン[177]のカバーも演奏しています。

　そのうちの「Steel CUM」[178]をサーストン・ムーアに送りましたが、どういうわけかバーティカル・レコーズというレーベルから1992年に7インチ[179]で勝手にリリースされました。しかし、編集が良かったのでリリース作品をいくつか回収してジャケットを差し替えてこちらでも販売しました。

S.C.U.M.

| 1989年のヨーロッパ・ツアー |

………1989年の秋にメルツバウはヨーロッパ・ツアーを行っています。

　ツアーの詳細については拙著「ノイズ・ウォー」の「ノイズ・ネットワーク1990–91」[180]という章に書きました。これを参考にすると、最初に訪れたのはオランダのス・ヘルトーヘンボスにあるＶ２というスペースでした。Ｖ２はのちにロッテルダムに拠点を移しましたが、当時は現地の三階建てビルにスペースを構えていました。階上の宿泊施設に泊まったようです。

　Ｖ２では「(テレ)コミュニケティ・イン・クンスト」[181]というイベントが開催されました。このイベントにはTHU 20、グレゴリー・ホワイトヘッド、クラブ・モラル、フランス・デ・ワード(カポテ・ムジーク)などが出演しました。

　メルツバウは9月23日に出演しました。現地で調達した鉄板などのガラクタにコンタクト・マイクをつけて、フィードバックする具合に配線されたミキサーに接続し、ディストーションなどのエフェクターを通してアンプで再生しました。この際にはテープは使用しなかったようです。

　一週間ほど滞在したのちに、10月3日、ナイメヘンのディオゲネスというスペースで開催された「ラ・ベルベルシータ」[182]というイベントに参加しました。このイベントには元クリスチャン・デスのジタン・デモーン、ディー・フォルムらが出演しました。また、イベントに出演する直前に非合法ラジオ「ラタプランＦＭ」[183]でカポテ・ムジークとコラボレーション・ライブを行いました。

　１０月６、７日にはフランス、ボルドーのサントル・アンドレ・マルローという場所で開催された第６回の「フェスティバル・アンターナショナル・ディ・ミュジック・アクチュエル」[184]に出演しました。ここからツアーには仕事の都合で遅れて到着した水谷が合流しています。このイベントには他にTHU 20、コン＝ドム、ヴォックス・ポプリ、Noxらが参加しています。

　10月9日には再びオランダへ戻りユトレヒトの文化施設Ekkoで演奏しました。水谷はフィードバック仕様に配線したミキサーを持参していて、全体の音量も格段に大きくなりました。

6e

FESTIVAL

INTERNATIONAL

DES

MUSIQUES

ACTUELLES ▶

DMA · PRÉSENTE

THU 20° (Hollande)

LES TELLUNIQUES (France)

NATURAL DISASTERS (Hongrie)

CON-DOM (Grande-Bretagne)

VOX POPULI (Iran / France)

MERZBOW (Japon)

THE HATERS (Canada)

NOX (France)

BORDEAUX

6 et 7 octobre 1989 - 20 h 30

CENTRE ANDRÉ-MALRAUX (quai Sainte-Croix)

Renseignements : DMA 2, 24, rue Esprit-des-Lois, 33000 BORDEAUX, tél. 56 48 53 34
Locations : DMA 2, FNAC, MOLLAT MUSIQUE, GOLEM.

ボルドー DMA 2 ポスター '89

10月12日にはハンブルクのKIRでS.B.O.T.H.I.とコラボレーションを行いました。主催はライバッハやSPK、アインツュトゥルツェンデ・ノイバウテンなどのレコードをリリースしているヴァルター・ウルブリヒトで、アンドレ・マッソンの絵を使ったメルツバウの大きなポスターが街にも貼られていました。また、ハンブルクではアスムス・ティーチェンズとも交流を深めました。

　KIRでのS.B.O.T.H.I.とコラボレーションは、三部構成で最初にメルツバウのライブ。次にそのライブ録音を素材にしたS.B.O.T.H.I.によるスピーカー・ライブ・インスタレーション。さらにそこに再びメルツバウの生演奏が加わるという複合的なもので非常に面白かったです。

　今回のツアーは現地のフェスティバルやオーガナイザーが共同で企画したものです。このようなノイズを各地で演奏できるネットワークがあるというヨーロッパの恵まれた環境に驚いたと同時にメルツバウのライブに対する手応えも感じました。これまで日本ではあまり積極的にライブを行ってきませんでしたが、これを機会にライブの展開も見えてきたというところです。

MERZBOW

NEU KONSERVATIW

HAMBURG • KIR • 12. 10. 89

ハンブルク　Kir ポスター

S.B.O.T.H.I.とのコラボレーション・アート

注釈
----

1   Merzbow / Merzbox / Australia / 50×CD, 2×CD−ROM / Extreme / XLTD−003 / 2000.6.16

2   Merzbow / Metal Acoustic Music / Japan / cassette / Lowest Music & Arts / none / 1981

3   Merzbow / Metal Acoustic Music / Japan / cassette / ZSF Produkt / none / 1989

4   Merzbow / Lowest Music & Arts 1980−1983 / Germany / 10×LP / Vinyl-on-demand / VOD 108 / 2012.10.26

5   Merzbow / Por #1&2 Vol. 1 / Japan / CD / スローダウンRecords / SDRSW 29 / 2018.5.20

6   Merzbow / Por #1&2 Vol. 2 / Japan / CD / スローダウンRecords / SDRSW 30 / 2018.5.20

7   ＣＤ『Merzbow／Por #1&2 Vol. 2』解説　スローダウンRecords（2018年5月）

8   Merzbow / Fuckexercise #2 / Italy / CD / Menstrual Recordings / LH 103 / 2018.3.15

9   Merzbow / Remblandt Assemblage / Japan / cassette / Lowest Music & Arts / none / 1981

10 Brett Woodward. Merzbook. Extreme, Melbourne, 1999, p. 84.

11 Merzbow / Lowest Music & Arts 1980−1983 / Germany / 10×LP / Vinyl-on-demand / VOD 108 / 2012.10.26 /
    LP1: Hyper Music 2

12 Merzbow / Cretin Merz / Japan / CD / スローダウンRecords / SDRSW 31 / 2018.6.17

13 http://shingetsu-koro.whitesnow.jp/shingetsudiary31.html（2023年1月9日アクセス）

14 ルネサンス末期のイタリアの作曲家。

15 Johannes Stuttgen、秋田昌美解説「思考のための音楽」『フールズ・メイト』4巻5号（1981年12月）68～72頁

16 ＣＤ『Merzbow／Noise Mass』解説　Room40（2019年7月）

17 Merzbow / Takahe Collage / USA / CD / Handmade Birds / HB DIS 060 / 2013.3.28

18 Merzbow / Microkosmos Volume 1 / USA / LP / Blossoming Noise / BN 042LP / 2009.11.14

19 Merzbow / Camouflage / Brazil / CD / Essence Music / ESS 012 / 2009.1.14

20 Brett Woodward. Merzbook. Extreme, Melbourne, 1999, p. 88.

21 Merzbow / Paradoxa Paradoxa / Japan / cassette / Lowest Music & Arts / none / 1982

22 秋田昌美、相良好彦「音楽の無意識へ」『ユリイカ』30巻4号（1998年3月）166頁

23 V. A. / Awa 沫 Form / Japan / 2×LP / YLEM Records / YDL 0000 / 1981.8.25

24 Jacques Derrida、豊崎光一訳「おくることば」『海』13巻3号（1981年3月）281～311頁

25 以下の対談でデリダは「絵葉書というのは（略）開かれているものであり、郵便配達夫なり誰でもが手に持って読むことがで
    きるものだけれども、同時にそれを読むのは暗号を施されたテクスト、秘密のテクストとしてなのです」と発言している。
    Jacques Derrida、豊崎光一「誘惑としてのエクリチュール」『海』13巻3号（1981年3月）273頁

26 Merzbow / Yantra Material Action / Japan / cassette / Lowest Music & Arts / none / 1983

27 ＣＤ『Merzbow／Yantra Material Action』解説　スローダウンRecords（2018年7月）

28 Merzbow / Material Action 2 / Japan / LP / Eastern Works / CHAOS 00001 / 1983

29 Merzbow / Telecom Live / CD / スローダウンRecords / SDRSW 32 / 2018.6.17

30 ＣＤ『Merzbow／Telecom Live』解説　スローダウンRecords（2018年6月）

31 ＣＤ『Merzbow／Collection 001−010』解説　Urashima（2022年1月）

32 Merzbow / Collection 001−010 / Italy / 10×CD / Urashima / USHI 016 / 2022.1.10

33 Merzbow / Collection 001 / Japan / cassette / Lowest Music & Arts / none / 1981

34 Merzbow / Collection 002 / Japan / cassette / Lowest Music & Arts / none / 1981

35 『GAP 1号』GAP Works（1979年4月）86頁

36 ＣＤ『Merzbow／Collection 001−010』解説　Urashima（2022年1月）

37 ＣＤ『Merzbow／Collection 001−010』解説　Urashima（2022年1月）

38 Merzbow / Collection 003 / Japan / cassette / Lowest Music & Arts / none / 1981

39 Merzbow / Collection 004 / Japan / cassette / Lowest Music & Arts / none / 1981

40 Merzbow / Collection 005 / Japan / cassette / Lowest Music & Arts / none / 1981

41 Merzbow / Collection 4 / USA / cassette / Blossoming Noise / BN 047CS / 2010.5.19

42 Merzbow / Collection 5 / USA / cassette / Blossoming Noise / BN 048CS / 2010.5.19

43 Merzbow / Material Action for 2 Microphones / Japan / cassette / Lowest Music & Arts / none / 1981

44 Merzbow / E−Study / Japan / cassette / Lowest Music & Arts / none / 1981

45 Merzbow / Collection 006 / Japan / cassette / Lowest Music & Arts / none / 1982

46 Merzbow / Collection 007 / Japan / cassette / Lowest Music & Arts / none / 1982

47 Merzbow / Collection 008 / Japan / cassette / Lowest Music & Arts / none / 1982

48 Merzbow / Collection 009 / Japan / cassette / Lowest Music & Arts / none / 1982

49 Merzbow / Collection 010 / Japan / cassette / Lowest Music & Arts / none / 1982

50 Merzbow / Tridal Production / Japan / cassette / Lowest Music & Arts / none / 1982

51 Merzbow / Merzbox / Australia / 50×CD, 2×CD-ROM / Extreme / XLTD–003 / 2000.6.16 / CD6: Collection Era Vol. 3

52 秋田註:「Merzbox」の「Collection Era Vol. 3」はＣＤディスクのアートワークが「Vol. 2」と入れ替わっています。

53 Merzbow / Lowest Music & Arts 1980–1983 / Germany / 10×LP / Vinyl-on-demand / VOD 108 / 2012.10.26 / LP4: Tridal Production

54 Merzbow / Solonoise 1 / Japan / cassette / Lowest Music & Arts / none / 1982

55 Merzbow / Lowest Music & Arts 1980–1983 / Germany / 10×LP / Vinyl-on-demand / VOD 108 / 2012.10.26 / LP7: Solonoise Vol. 1

56 Merzbow / Solonoise 2 / Japan / cassette / Lowest Music & Arts / none / 1982

57 1982年4月5日〜30日　Monthly Mail-Art Exhibition (Metro Media, Vancouver)

58 無記名「Merzbow年表」『Rock Magazine』64号（1984年3月）8頁

59 Vittore Baroni, Daniele Ciullini, Nicola Frangione, Marco Pachetti "Mail Art Contro Tutti" Sphinx 1981.6; 12/13: 137.

60 Selektionはアヒム・ヴォルシャイトとラルフ・ウェホウスキーの運営によるドイツの実験音楽のレーベル。

61 1982年7月20日〜25日　'82 インターナショナル・サマータイム・メール・アート・ショー（神奈川県民ホール・ギャラリー）

62 1983年7月11日〜17日　'83 インターナショナル・メール・アート・ショー」（神奈川県民ホール・ギャラリー）

63 1982年3月発行の第20号から1983年7月発行の第28号にかけて9回にわたり連載された。

64 2012年4月12日　Merzbow, Mats Gustafsson, Pándi Balázs (A38, Budapest)

65 Merzbow / Lowest Music 1 / Japan / cassette / Lowest Music & Arts / none / 1982

66 Merzbow / Lowest Music 2 / Japan / cassette / Lowest Music & Arts / none / 1982

67 Merzbow / Lowest Music & Arts 1980–1983 / Germany / 10×LP, 7", cassette / Vinyl-on-demand / VOD 108 / 2012.10.26 / OD: LTD99

68 Brett Woodward. Merzbook. Extreme, Melbourne, 1999, p. 10.

69 William S. Burroughs、飯田隆昭訳『爆発した切符』サンリオ（1979年1月）291頁

70 加藤郁乎『ニルヴァギナ』薔薇十字社（1971年8月）

71 The Cop Killers / Italy / cassette / TRAX / 4482 / 1982 / B6: Appendix II

72 Merzbow / Material Action 2 / Japan / LP / Eastern Works / CHAOS 00001 / 1983

73 1975年に発売され、スタジオ・レコーディングで標準的に使用されていたアンペックス社製のテープ。

74 Merzbow / Dying Mapa Tapes / Italy / 3×CD / Menstrual Recordings / LH 123 / 2019.9.12

75 Merzbow / Merzbox / Australia / 50×CD, 2×CD-ROM / Extreme / XLTD–003 / 2000.6.16 / CD15, 16: Dying Mapa Tapes 1–2, Dying Mapa Tapes 2–3

76 Merzbow / Normal Music / Japan / cassette / Lowest Music & Arts / none / 1982

77 Merzbow / Le Cuisinier / Japan / cassette / Stratosphere Music / SMC 010 / 1983

78 Merzbow / Kibbutz / Italy / cassette / ADN / TAPES 01 / 1983

79 Merzbow / Mechanization Takes Command / Japan / cassette / ZSF Produkt / ZSFM 02 / 1983

80 V. A. / Insane Music for Insane People Vol. 3 / Belgium / cassette / Insane Music / INS 03 / 1983 / B1, B4: Merzbow + α / Envois #4, Envois #5

81 V. A. / Paris Tokyo / France / cassette / Tago Mago / 4754 / 1983 / A1, A4: Vacation of Merzbow Lowest Music & Arts / Awa Dance, Hannya-Haramitta

82 V. A. / Anthems / Italy / TRAX / 0983 / 1983.11 / B2: Kimigayo

83　Talking Heads / Remain in Light / USA / LP / Sire Records / SRK 6095 / 1980.10

84　Roxy Music / Avalon / UK / LP / EG Records / EGHP 50 / 1982.5.28

85　Secrets / Live Numbers / Japan / cassette / Stratosphere Music / SMC 004 / 1983

86　『Arcana 創刊号』砂摩耶舎（1982年9月）

87　Secrets / Bye Bye / Japan / 7" / 砂摩耶舎 / PLM−016 / 1982.9.1

88　Merzbow & Masaki / Tatoo Junk / Japan / cassette / Stratosphere Music / SMC 004 / 1982

89　V. A. / 四十日四十夜 / Japan / LP / Stratosphere Music / SMC 003 / 1983

90　Philip K. Dick、浅倉久志訳『ユービック』早川書房（1978年10月）

91　Merzbow Null / Darh Eroc Evil / Japan / cassette / ZSF Produkt / ZSF 01 / 1983

　　Merzbow Null / Darh Eroc Evil / Japan / cassette / Nux Organization / NUX 03 / 1983

92　Merzbow Null / Yapnord Rasa / Japan cassette / ZSF Produkt / ZSF 02 / 1983

93　Merzbow Null / Twilight Oaum / Japan cassette / ZSF Produkt / ZSF 04 / 1983

94　Merzbow Null / Deus Irae / Japan / cassette / Nux Organization / NUX 05 / 1984

95　1984年4月21日　かげろうギグ Vol. 19（スタジオあひる、大阪）

96　Merzbow Null − Produktion / Australia / cassette / Produktion / A O1 / 1984

97　Merzbow Null & Hanatarashi / Disembody / Japan / cassette / ZSF Produkt / ZSF 22 / 1984

98　ドラマー／画家の竹谷郁夫はハナタラシ／ボアダムス／ゼニゲバなどに参加。

99　山塚アイは現在の∈Yэ。

100　1989年9月3日　Merzbow（秋田昌美／水谷聖／島田英明）（エッグプラント、大阪）

101　Merzbow / Le Cuisinier / Japan / cassette / Stratosphere Music / SMC 010 / 1983

102　Merzbow / Kibbutz / Italy / cassette / ADN / TAPES 01 / 1983.10

103　Merzbow / Musick for Screen / Japan / cassette / Lowest Music & Arts / none / 1983

104　Merzbow / Musick from the Simulation World / UK / cassette / Produktion / dis 1 / 1983

105　秋田註：1977年に英「サウンズ」誌がスロッビング・グリッスルのファースト・アルバムとバロウズに関するインダストリアル・ミュージックについての「New Musick」と題した記事が最初とされる。（「Sounds」誌の1977年11月26日号の特集は「New Musick − The Cold Wave」）

106　Jean Baudrillard、今村仁司／塚原史訳『象徴交換と死』筑摩書房（1982年10月）など。

107　Merzbow / 抜刀隊 with Memorial Gadgets / USA / 2×LP / RRRecords / RRR 004 / 1986

108　ポール・ハーストは以下のインタビューにおいて、オーストラリアで放送していたディスク・ノワールについて「ただのラジオ・ショーではなく、生でサウンドをミキシングしたり、放送の間中サウンドを作ったりして、いわばミュージック・コンクレートのように、ラジオ・コンクレートと呼べるようなものだった。（略）とてもアグレッシヴで耳ざわりなサウンドを演奏しようとした」と発言している。

　　Produktion、秋田昌美「Art Core 2」『月光』2号（1984年9月）86頁

109　1983年から1990年3月にかけて下北沢のスタジオから放送していたミニFM。上野俊哉／粉川哲夫／ジョン・ダンカンらが参加していた。

110　1984年から放送され、ラジオ・ホームランの活動が休止してからは1995年までアムステルダムで放送された。

111　TollはレーベルBroken Flagを設立した元ラムレーのゲイリー・マンディらのグループ。

112　Tattoo Junk / in Do / Japan / cassette / Pisarcik Organization / none / 1983

　　Tattoo Junk / Evening Sky / Japan / cassette / Pisarcik Organization / none / 1983

113　Merzbow & Xerosx / Aerovivanda #1 / Japan / cassette / ZSF Produkt / ZSFM 04 / 1984

114　Merzbow & Xerosx / Aerovivanda #2 / Japan / cassette / ZSF Produkt / ZSFM 06 / 1984

115　Merzbow / Lotus Club / Japan / cassette / ZSF Produkt / ZSFM 05 / 1984

116　Merzbow / Yahatahachiman / Japan / cassette / ZSF Produkt / ZSFM 07 / 1984

117　Merzbow / Lowest Music & Arts 1980−1983 / Germany / 10×LP / Vinyl-on-demand / VOD 108 / 2012.10.26 /

LP10: Escape Mask

118 Merzbow / Worker Machine / Japan / cassette / ZSF Produkt / ZSFM 03 / 1984

119 V. A. / Three Minute Symphony / UK / 2×LP / X Tract / XX 002 / 1984

120 1982年2月から1983年1月にかけてテレビ朝日系で放送された富野由悠季監督のテレビ・アニメーション。

121 Merzbow / Chant / Japan / cassette / ZSF Produkt / ZSFM 01 / 1984

122 Merzbow / Age of 369 c/w Chant 2 / Australia / 2×CD / Extreme / XLTD 002 / 1996.9

123 Merzbow / Sonic Commando / Japan / cassette / ZSF Produkt / ZSFM 11 / 1984

124 Merzbow / Dadavida / Japan / cassette / ZSF Produkt / ZSFM 12 / 1984

125 Merzbow / Age of 369 / Japan / cassette / ZSF Produkt / none / 1984

126 Merzbow / Age of 369 c/w Chant 2 / Australia / 2×CD / Extreme / XLTD 002 / 1996.9

127 Merzbow / Pornoise 1 kg / Japan / 5×cassette / ZSF Produkt / none / 1985

128 Merzbow / Pornoise Extra / Japan / cassette / ZSF Produkt / none / 1985

129 Jean-Louis Houchard & Masami Akita / Collaboration Through the Mail 83/84 / France / cassette / DMA2 / DMA 005 / 1987.4

130 ed: Jean-Louis Houchard, Daniel Charles. Rencontrer John Cage. Voix éditions, Elne, 2008.

131 Merzbow / Ushi-Tra / USA / cassette / Cause and Effect / none / 1985

132 Merzbow / Antimony / Japan / CD / スローダウンRecords / SDRSW 48 / 2019.1.18

133 Merzbow / Sadomasochismo / Japan / cassette / ZSF Produkt / none / 1985

134 Paul Lemos "Masami Akita a.k.a. Merzbow" Option 1985.3/4; A2 (No. 27) : 47.

135 Merzbow / Merzbox / Australia / 50×CD, 2×CD–ROM / Extreme / XLTD–003 / 2000.6.16 / CD17: Agni Hotra

136 Merzbow / Antimony / Japan / CD / スローダウンRecords / SDRSW 48 / 2019.1.18

137 Merzbow / Sadomasochismo / Japan / cassette / ZSF Produkt / none / 1985

138 ＡＱＭはAll Question Musicの略。

139 Merzbow / 抜刀隊 with Memorial Gadgets / USA / 2×LP / RRRecords / RRR 004 / 1986

140 Merzbow / Batztoutai with Material Gadgets / USA / 2×CD / RRRecords / RRR CD06 / 1993.7

141 Merzbow / Agni Hotra (2nd Mix) / Japan / CD / スローダウンRecords / SDRSW 47 / 2019.1.18 / T4: The Dying Toad Become Forth with Coal for Color Black (Pre Mix)

142 以下の文献に収録された「The Vision of Sir George Ripley」には「This dying Toad became forthwith like Coal for color Black」という箇所があり、「瀕死の蟇蛙は石炭の黒い色に染まった」と訳されている。
Stanislas Klossowski、種村季弘訳『錬金術』平凡社（1978年1月）「ジョージ・リプリー卿の幻視についての一解釈」54〜63頁

143 以下の文献に「那智山中に住む一つ目たたらという怪物は一眼一足、釣鐘をかぶって身を防ぎどんな強弓をひいても矢がたたず、数多の者がたおされたが、最後に狩場刑部左衛門なる弓の名人が九十九本の矢を射つくしてのち母からもらった呪矢で射たおしたという」と記されている。
中村節「蛇骨寺の由来について」『西郊民俗』59号（1972年2月）9頁

144 ＣＤ『Merzbow／Noise Mass』解説　Room40（2019年7月）

145 Merzbow / 抜刀隊 with Memorial Gadgets / USA / 2×LP / RRRecords / RRR 004 / 1986 / C1: Semykyoku

146 Merzbow / 抜刀隊 with Memorial Gadgets / USA / 2×LP / RRRecords / RRR 004 / 1986 / D2: Wild Animals and Polyhedral Garden

147 Merzbow / The Lampinak / Japan / cassette / ZSF Produkt / none / 1985

148 Pisit Charoenwongsa、鹿島昇『バンチェン／倭人のルーツ』歴史と現代社（1981年9月）

149 秋田註:以下のリンクにもLampinakは「sacred cross」を意味するという記述を見つけました。
https://en.brilio.net/news/dayak-tattoo-is-not-just-some-tattoo-dayak-tattoo-1602051.html
https://link.springer.com/content/pdf/bbm:978-94-011-9346-7/1.pdf （いずれも2023年1月9日アクセス）

150 Merzbow / Antimonument / Japan / LP / ZSF Produkt / SH 61–01 / 1986

151 Brett Woodward. Merzbook. Extreme, Melbourne, 1999, p. 45.

152 無記名「動物福祉についての報道から」『月光』11号（1986年6月）70頁

153 1984年4月発行の65号から1984年8月発行の69号までの5号にわたって、各国の音楽を紹介する連載「Part−Object」が掲載された。

154 2016年9月16日　Mode 10 − Art of Noise（environment 0g、大阪）

155 渡辺靖之『パチンコ美術論　キッチュからイコノロジーへ』鳥影社（1995年8月）

156 V. A. / Mineral Composition / Japan / Stratosphere Music / SP 5025 / 1985

157 Merzbow / Ecobondage / Japan / LP / ZSF Produkt / SH 62−01 / 1987

158 Porta Twoは1986年にタスカム社から発売されたカセット・テープをメディアとして使用する4チャンネルのマルチトラック・レコーダー。

159 以下の文献に「破裂音、衝突音を表はし、虚空に於る巨大な力や、エネルギーの動きを表明して居る」と記されている。
宇野多美恵編『相似象』4号（1972年7月）148頁

160 Merzbow / Enclosure / Japan / cassette / ZSF Produkt / ZSF OA / 1987

161 Merzbow / Vratya Southward / Japan / cassette / ZSF Produkt / ZSF 201 / 1987

162 Merzbow / Merzbox / Australia / 50×CD, 2×CD−ROM / Extreme / XLTD−003 / 2000.6.16 / CD28: Fission Dialogue

163 Merzbow / Environmental Percussion Vol. 1 / Japan / CD / スローダウンRecords / SDRSW 54 / 2019.4.19

164 Merzbow / Crocidura Dsi Nezumi / USA / cassette / Banned Production / BP 27 / 1988

165 Merzbow / Strings & Percussion / Japan / 6×CD / スローダウンRecords / SDRSW 75 / 2019.11.15

166 ＣＤ『Merzbow／Strings & Percussion』解説　スローダウンRecords（2019年）

167 完全収録ドラマ編シリーズ「地球防衛軍」ドラマ編 / Japan / 2×LP / キングレコード − Star Child / K18G−7203〜4 / 1984.7.21

168 Merzbow, S.B.O.T.H.I. / Collaborative / Australia / LP, 7" / Extreme / 001, 001.1 / 1988

169 ＣＤ『Merzbow／Noise Mass』解説　Room40（2019年7月）

170 1988年3月23日にTrade Unions Palace of Culture Hallにおいて演奏。

171 1988年3月24日にSoviet Army Officer's House Hallにおいて演奏。

172 Merzbow / Live in Khabarovsk, CCCP / Japan / LP / ZSF Produkt / SH 63−01 / 1988

173 Merzbow / Storage / Japan / LP / ZSF Produkt / SH 63−02 / 1988

174 SCUM / Scissors for Cutting Merzbow / Japan / 2×LP / ZSF Produkt / MZ 007〜008 / 1989

175 Napalm Death / Scum / UK / LP / Earache / MOSH 3 / 1987.7.1

176 Society for Cutting Up Merzbow / Severances / USA / cassette / Discordia/Concordia / none / 1989 / B1: Deaf Forever

177 Society for Cutting Up Merzbow / Severances / USA / cassette / Discordia/Concordia / none / 1989 / B2: Wild Thing

178 SCUM / Steel CUM / Japan / cassette / ZSF Produkt / none / 1990

179 SCUM / Steel CUM / USA / 7" / Vertical Records / V 007 / 1992

180 秋田昌美『ノイズ・ウォー』青弓社（1992年12月）191〜204頁

181 1989年9月23日〜30日　(Tele)Communicatie in Kunst（V2, 's-Hertogenbosch）

182 1989年10月2日〜6日　La Perversita（Diogenes, Nijmegen）

183 ラジオ・ラタプラン（Radio Rataplan）はナイメヘンのスクウォッターたちの拠点であったDe Pontanusというスペースから放送していた。

184 1989年10月6〜7日　6e Festival International des Musiques Actuelle（Centre André Malraux, Bordeaux）

Nijmegen ラジオ・ラタプラン '89

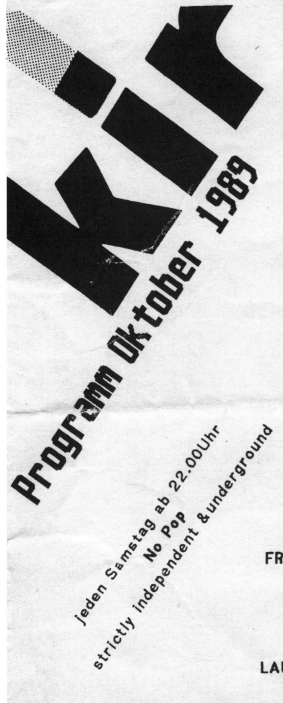

Kir

Program Oktober 1989

jeden Samstag ab 22.00Uhr
No Pop
strictly independent &underground

Donnerstag 5.10.
Konzert
AMERICAN MUSIC CLUB

Freitag 6.10.
Kir-Disco
No Pop Extra
Gitarre/Psychedelic/Wave

Montag 9.10.
Konzert
DAS DAMEN

Dienstag 10.10.
Konzert
PSYCHO SQUATT & HUAH!

Mittwoch 11.10.
Konzert
A GRUMH

Donnerstag 12.10.
Konzert
MERZ BOW

Freitag 13.10.
Kir-Disco
HIP HOP

Mitwoch 18.10.
Konzert
BOURBONESE QUALK

Donnerstag 19.10.
Konzert
FREIWILLIGE SELBSTKONTROLLE

Freitag 20.10.
Kir-Disco
REGGAE INNA DANCE

Sonntag 22.10.
Konzert
LAUGHING HYENAS & KILLDOZZER

Donnerstag 26.10.
Konzert
BITCH MAGNET

Freitag 27.10.
Kir-Disco
SKA EXPLOSION

ハンブルク　Kir 1989年10月プログラム

ＮＨＫの電子音楽Ⅱ

ＮＨＫの電子音楽　戦前編　第２回　1930年〜1933年

川崎弘二

第3章　1930年〜1933年（昭和5年〜昭和8年）

｜国際放送｜

　1928年11月11日に国際連盟では「世界平和記念日（註・1918年11月11日に第一次世界大戦が停戦）第一日として、各国の代表はそれぞれ母国語をもって放送を行った。わが代表である杉村陽太郎博士（註・法学博士の外交官）も祖国に向ってジュネーヴから叫んだが、遺憾ながらわが国で接受されたのは僅か十数語に過ぎず、失敗の記録」[1]を残すこととなった。

　1929年8月にドイツの巨大飛行船ツェッペリン伯号は地球一周を実施し、1929年8月19日から23日にかけて東京の霞ヶ浦に停泊した。1929年8月17日の新聞記事には「ベルリン放送局から我が逓信省宛てツェッペリン伯号霞ヶ浦着陸の模様を詳さに聞くべく放送の申込みをして来た」[2]と記されている。しかし、ドイツ側では「当日24時間中、東京からの放送を聴取しようと試み、確実に2回ほど聴取されたが、中継能力はなかった」[3]という結果に終わってしまったようである。

　また、翻訳家などとしても知られる並河亮は東京中央放送局に勤めていた時期があり、並河が入局する前の放送ではあるが「日本と外国とのあいだの国際放送は、1929年（昭和4年）のクリスマスに、ロンドンのウェストミンスター寺院の鐘の音を受信して国内に中継したのが始まりだった」[4]と述べている。この発言から日本においての国際放送が成功したのは1929年の末であったものと考えられる。

　1922年2月6日に「建艦競争によって軍事費負担に苦しむ五か国は（略）戦艦、空母などの主力艦の保有を制限するワシントン海軍軍縮条約」[5]に署名しており、1930年1月21日から4月22日にかけてはロンドン海軍軍縮会議がアメリカ／イギリス／フランス／イタリア／日本の参加により開催された。この国際的な軍備縮小の会議は「財政整理と金解禁を掲げた浜口雄幸内閣にとって（略）重要な意味」[6]を持っていた。

　そして「ラジオ年鑑」の1931年版においては、「会議の経過及其の成行は国防上重大の関係を有し、我国民は斉しく会議の模様を知らんと欲した東京中央放送局では、セントジェームス宮殿に於ける同会議開会式当日の状況を中継放送すべく昭和5年1月21日午後8時より午後10時15分迄英国ドゥチェスター放送局（略）経由の短波長による試験放送を受信し、これを全国に中継放送し先づ好結果を収めた。越えて2月9日我主席全権若槻禮次郎（註・1926年1月から1927年4月、濱口内閣後の1931年4月から12月にかけて内閣総理大臣を務めた）氏より我国民に対し声明を発することとなり、同月9日午後11時45分より翌10日午前0時15分迄、若槻全権の演説を同じくドゥチェスター局より中継放送したが何れも大成功を収め全国聴取者をして満足せしめた」[7]と記されている。

　しかし、加藤末丸は1950年3月に発表された座談会において、「若槻さんがロンドンから軍縮の放送をした時のことだ。その時短波でイギリスかどこかが自分の植民地に放送しておる。それをこっちでとった。ところがその時5時頃テストをしたところが、そのテストの時は非常によく聞けたので、北村（註・政治郎）さんあたりもこれでいいとこおどりした。そして若槻さんの放送の時になると状態が変ってどうやら聞える程度になってしまった。あれはそれからあとになって短波を使うので分って来たことですが、短波というのは時間と距離によって波長を変えなければいけないのです。殊に昼の電波と夜の電波は全然違う。それでロンドンから日本に来るのにも何時にはどういう波長ということは、ちゃんと今ならきまっている。それを知らずに、英国が植民地に送るのを聞いてやったのですから、良いのが出る訳はないのです」[8]と述べており、この国際放送は「大成功」となってはいなかったようである。

　1930年10月1日にロンドン海軍軍縮条約が「枢府本会議に於て満場一致可決」[9]され、1930年10月27日には東京中央放送局の「軍縮記念国際放

送」として、「海軍條約成立祝賀記念のため、日、英、米の最高権威者の祝辞交驩」[10]が行われることとなった。この国際放送では、まず、辻順治の指揮による陸軍戸山学校軍楽隊の演奏が行われて、続いて東京中央放送局から内閣総理大臣の濱口雄幸／ホワイトハウスからアメリカ合衆国大統領のハーバート・フーヴァー／ロンドン首相官邸からイギリス首相のラムゼイ・マクドナルドの演説が行われた。これらの演説は「外務当局の手に依り翻訳されて（略）朗読は放送局の堀内敬三」[11]により放送された。そして、最後に軍楽隊による英米日の国歌の演奏が行われて放送は締め括られており、この放送は「国際放送として日本から音楽を送った最初」[12]の番組となった。すなわち、東京放送局の開局から5年ほどで、遥か海外に及ぶ音響までを日本のラジオ放送は取り上げることが可能となったわけである。

| 日本放送協会技術研究所 |

1930年6月2日に日本放送協会技術研究所の開所式が行われた。技術研究所は「業務の発達に伴い放送状態の改善、聴取者受信機の一層良質低廉なる製品の出現を促進する為め放送無線電話の学理及技術の研究」[13]を実施するために設置されており、「ラジオ年鑑」の1932年版では「過去一年間に於ける主要な研究事項」[14]として、①周波数帯の節約のため「愛宕山予備器、静岡、岡山、福岡の各放送所」[15]から同一の周波数で放送して混信が起こらないかを確認する実験、②超短波の研究、③各種マイクロフォンの特性試験、④「各種演奏に対して最も適当な残響時間」[16]の研究、⑤仙台放送局の技術部長の丸毛登と星佶兵衛（星は仙台放送局から技術研究所へ赴任した）が開発したMHマイクロフォンの製造と各支部への配布（約80台）、⑥受信機試験装置の製作、⑦スピーカーの研究などが記されている。

また、放送研究所の所史において、星らは「円盤録音に関心をもち、また研究の一助としてそれを用いたのは開所当時からの古いことで、送信関係研究における同一周波数放送の記録用として使っている。その当時のものはアルミニウム板ま

たはアルマイト板への圧刻録音」[17]であったと記されており、研究用としての円盤録音機自体は古くから技術研究所に導入されていたことが分かる。

その後の「ラジオ年鑑」においても、技術研究所における主要な研究事項は上記した①から⑦が踏襲されており、1933年版では新しく「各放送局の発振周波数を監視」[18]するための標準周波数発生装置の研究や、テレビジョンの研究などが付加されている。また、MHマイクロフォンの製造数は1932年9月までに225台へ達しており、そして、1933年12月までにさらに100台を追加製造していた。星らはその背景について「協会自体が建設拡充の非常に急がれていた時でありマイクロホンについても、既設局は勿論、次々と新しく建てられる全国各局で使用される需要が多く、研究というよりはむしろ製作に没頭せざるを得なかった」[19]と述べており、研究よりも現場で使用するための機材の製作に従事せざるを得なかった内情を明かしている。

| 夏八景／クラッシン号 イタリヤ号を救う |

1927年5月から1931年11月にかけてベルリンに滞在していた千田是也は、「ドイツにいた時ベルリン放送局で『東京風景』というものを放送しました。ドイツの人に東京を音で描いて聞かせたのです。歌舞伎座で古典をやっているのをレコードで聞かせ、そのそばにある築地小劇場ではヴェデキント（註・フランク・ヴェーデキント）の『春の眼ざめ』を上演している、という風にして、わたしはその一部を実演したりなどしました。その時のベルリン放送局の芸能部門の局長格の人はハーゲマンという有名な芸術家でした」[20]と述べている。ヴィースバーデン・ヘッセン州立劇場にて監督を務めていたカール・ハーゲマンが、ベルリン放送局において仕事をしていたのは1929年までであるため、音響によって異国の様子を描いた「東京風景」はそれまでの時期に放送されていたものと考えられる。

1930年7月25日には亀屋原徳（かめやばらとく）の脚本、小林徳二郎の総指揮により「擬音レビュー」と冠した「夏八景」という番組が東京中央放送局から放送され

た。この番組は新聞記事に「従来のラジオドラマやラジオ風景等は常に会話が主になり其の効果を上げる為に擬音が介添役を勤めていたのですが、今晩の催しは擬音の効果を主に取り上げてそれを組み合わせることによって夏の景物をスケッチして行こうと云うのです。従ってセリフと言うようなものは極少く、何かパントマイムと云った感じの出るものです。多年擬音を手なづけてきたAK文芸係小林徳二郎君の原案になるもので、擬音係及新派俳優、その他が綜合出演する、放送開始以来初めての試みであります」[21] と紹介されている。そして「擬音係」として辰巳鐵之助／畑野繁／志水辰三郎／立花寛／小池ふじ（放送局タイピスト）らの名前が挙げられている。先に述べた1928年10月に放送されたラジオ風景「東京十二ヶ月」においても「夏八景」に類似した試みが行われているが、「夏八景」では擬音が番組における主役として認識されている点が大きく異なっているものと考えられる。

「夏八景」は「ビルディングの午後」「通り雨」「波」「身投げ」「火事」「夕立」「峠」「水の上」という8つの場面から構成されている。いくつかの場面について新聞記事を引用すると、「ビルディングの午後」は「或るオフィスで初めタイプライターの声が聞えているが、やがて算盤を読上げる声になる。然しそれもだんだん睡そうな声になる。煽風機の音が高くなる。突如課長が入って来る」[22] と記されている。

そして「通り雨」は「微かに小唄が聞え雨を呼ぶ蛙の声が聞える。やがて雨が降って来て大降りになったり小降りになったりする。蛙の声一層高くなりそれにかわってピアノ聞える。雨は小やみなく降る」[23] というもので、「水の上」は「水の音——艪の音——遠く明笛の音、近づいて来て再び遠くに去る——モーターボートが通る——佃をはやし乍ら遠くから近くへそして遠くへ去る——ヴァイオリンの音遠くに起りそして再び遠くへ去る——新内の流しがヴァイオリンと交錯して近くなり再び遠くなる——突如遠くに花火があがる。『玉や！』『かぎや！』等の声が上る——モーターボートが再び通り、艪の音——再び明笛、それに義太夫の流し交る——佃囃子——犬の遠吠——あんまの笛——と急調なヴァイオリンとピアノの曲

が少し近くで急に起ってすぐに止む——静かに水の音」[24] という内容だったようである。

1930年5月15日にベルリン放送局からヴァルター・ルットマンの「週末 Wochenende」という作品が放送されている。これはフィルムのサウンドトラックを使用して、ベルリンという都市における週末の風景を音で描いた作品であり、さまざまな現実音／器楽の演奏／台詞の断片などが交錯する。南江治郎（1934年3月に大阪中央放送局へ入局して番組の制作や演出を手掛けていた）は「週末」について、「マイクロフォン機能に加えられた複数スタジオ機能に拠る演出手法の長所として、先ず第一に考えられることは、モンタァジュ手法をより拡大せしめたという事である。／ワルタァ・ルットマンは彼のラジオドラマ『ウィークエンド』に於いて、並列と対照の意味を持つ音のモンタァジュの一例として次のようなモティーフを示している。『村の教会のオルガンの音が手廻し風琴の音に溶け移ってゆく』『牝牛の頸鈴の音が乱打される村の鐘の音にオヴァラップする』」[25] と述べている。

なお「週末」には録音再生技術が使用されていることから、近年ではミュージック・コンクレートの原型であると認識されるようになってきている。「週末」と違って「夏八景」は生放送で実演されており、しかも使用されている現実音はそれまでに和田精や小林らが培ってきた擬音によるものであると思われる。そのため「週末」のように録音再生技術による音のモンタージュと「夏八景」のあいだには、メディアやテクノロジーの面からの隔たりが存在する。しかし「週末」とほぼ同時期に、日本でも現実音をテーマとした音響による作品が発表されていたということは重要なポイントであろう。

ただ、のちに初代のNHKテレビ局長などを務めた吉川義雄は、「大失敗したことがあるんだ。亀屋原徳だったね。効果だけを使ってせりふはほとんどでないんだ。それで『こんちわ』とか『やあ』というあいさつだけのラジオドラマをつくってもらって放送した。放送をしたところ、半分すぎると電話がかかってきていまの放送は何だ、わけがわからねえ……（笑）だって、『こんちは』というと、ニワトリがコケコッコーと鳴く、汽車がゴーッと行く。それだけなんだもの。あとでさんざん叱

られたよ」[26] と発言している。残念ながら小林らによる「夏八景」での意欲的な試みは、「大失敗」という烙印を押されてしまったため直ちに次へと続くことはなかったようである。

1930年11月1日にフリードリヒ・ヴォルフの作／武田忠哉の訳／青山杉作の放送指揮／新東京効果部の効果によるラジオ・ドラマ「クラッシン号 イタリア号を救う ノビレ少将遭難記」が放送された。1928年5月24日にイタリアの探検家ウンベルト・ノビレは、飛行船イタリア号にて北極点に到達する。しかし、帰路の途中の翌日にイタリア号は海氷の上へ墜落し、ノビレらはそこに投げ出されて重傷を負ってしまう。生存者たちは無線でSOSを発信し、50日近くの国際的な救助活動の末にノビレを含む9名がロシアの砕氷船クラッシンなどの活躍によって生還した。

「日本放送史」ではこの事故をもとにしたラジオ・ドラマの概要について、「キングスベー（註・ノルウェー北端のスヴァールバル諸島のニーオーレスン）の上のミラノ号（註・探検隊の捜索本部の置かれたケーブル敷設船チッタ・ディ・ミラノ）、コペンハーゲン、オスロー、レニングラード、イタリアの新聞社、ローマ、サンパウロ、氷塊の上、ソヴィエトのある村、ベルリンの舗道、ニューヨークその他が舞台で、場面は二十景、『炭坑の中』と対照して両極端の放送形式であった」[27] と記している。

続いてこの文章においては「氷塊上のSOSの発信、第一回探検船のミラノ号の失敗、全地球上の放送局からの呼びかけとその失敗、そしてムールマン海岸のもっと北方の地方にある淋しい村のラジオファンであるニコライ・シュミットという少年の受信機に氷塊上からのSOSが感じられ、氷の中に閉ざされた人々と全世界の放送局がラジオによって結びつけられ、おし流される氷塊の地理的位辺がそれらの放送局によって放送され、イタリア、ノルウェー、ソヴィエトの国々の飛行機が何回もその地点に向って進む一方、二度目の砕氷船クラッシン号がカタパルトにリードされてついに困難なこの事業に成功する。その時、ラジオの蓄電池はついに使いはたしてしまっている。この救助作業を成功させたのは、一人の超人の力でなく、宗教的または国家的のものでもなく、科学技

術のために捧げられた各民族間の相互扶助の結果であるというテーマのものであった。(略) こうして『炭坑の中』を頂点としていたラジオドラマはここに新しく広い視野に立」[28] つことになったと指摘している。

この「新しく広い視野」という記述は、目まぐるしく転換するドラマの各シーンを、技術的に進歩した効果音の助けも借りて、映画のように描き分けることが可能となったことを指しているものと思われる。なお「クラッシン号 イタリヤ号を救う」の効果音は、のちに東京放送効果団に入団する江口高男が最初に参加したラジオ・ドラマだったようである。江口は「昭和3年（註・1928年）演劇に志をかけ、劇団築地小劇場に研究生として入団して、友田恭助、田村秋子夫妻の指導を受けました。はじめは演技者としての勉強をして居りました。舞台で効果音の多い芝居をやる時は、私共研究生が何時でも手伝うのです。そういう中で私は何となく、効果の音の工夫をする事がたのしく好きになって来たのです」[29] と述べている。

続いて江口は「その頃は、まだ、ラジオが初まって間もないころですから、放送局といえばNHKだけだし、そのNHKにも効果専門の係りなどおりませんでしたので、ラジオドラマの放送の時などは、劇団の人が全部一緒に放送局へ出かけていって、マイクの前でお芝居をしたり、裏方もつとめたものです。そこでも私は効果の係りをやったわけです。はじめての放送は、昭和5年11月10日放送の『クラッシン号 イタリア号を救う』という当時としては斬新なドラマでした」[30] と述べている。この江口の発言にもあるように、開局時から東京中央放送局ではさまざまな効果音の研究がなされていたわけであるが、効果を専属で担当するような部局はいまだ誕生していなかったことが分かる。

なお、放送翌日の新聞記事には「愛宕山付近に時ならぬ爆音が鳴りだしたので近所の人達は『それサイレンだ』『何事だ』とばかりに路上に飛びだして一時は大騒ぎ。間もなくこの爆音は同夜の放送『ノビレ少将遭難記』の飛行機の擬音とわかりいずれもブツブツひっこんだ」[31] と報じられている。前回で触れたように「珍客」（1927年6月に放送）の数ヶ月前に放送されたラジオ・ドラマにおいても、火事の場面で和田精が半鐘を打ち、それ

が電波に乗ることで消防車が出動するというトラブルが発生していたようである。こうした記事の掲載は、軽めの三面記事として紙面に取り上げられやすかったことも影響しているものと思われるが、それだけ当時のラジオの聴取率が上昇してきたことを証明しているのだろう。

　1931年2月に刊行された「ラジオ年鑑」の1931年版には「同時連絡放送」についての記述がある。この記述は1930年末ごろのものと推察され、同時連絡放送とは「甲の放送局の放送室内で演じているものと、乙の放送局の放送室内で演じているものとを一つに纏めて放送し、聴取者にはあたかも同じ放送室内で演じているかの如く感ぜしめる放送を云う」[32]と記されている。

　しかし、同時連絡放送と銘打った番組はまだ実現しておらず、「ラジオ年鑑」では「東西両局とも充分の自信は有しているが、プログラムの選定に行悩みがあって未だ実現の運びには至らないが、テストだけは昭和4年以来10数回に亘って執り行われたのである。／同時連絡放送などと云うと一寸大袈裟ではあるが、之に類する事はBKで既に数度行われたが、一般には気づかれていないかも知れない。夫れは劇場中継等の場合、開幕の騒音と同時に劇の説明或は『アナウンス』等を演奏所にて行うが如きは一種の同時連絡放送である。之は有線の場合であるが、無線としては去る（註・1930年）10月27日の軍縮記念祝賀放送のテストの折、日米間の通話を同時に放送したるが如きは、無線同時連絡放送の長距離記録とも云うべきである」[33]と記されており、技術的にはすでに実用のレベルに近づいていたことが分かる。

　1931年1月1日に東京／大阪中央放送局は歌舞伎「寿曽我対面（ことぶきそがのたいめん）」の同時連絡放送を実現させている。放送当日の新聞記事には「約150里（註・約590km）を隔てた東京と大阪で東西の名優連が居ながらにしてセリフの掛合いをやり、全国のラジオファンにさながら一つ舞台に名優が掛合せをする感を与えるとはラジオの誇る興味百パーセントもの、年頭の珍放送として聴きたい。この放送の仕方はBKのスタジオ内に居る（註・實川）延若一派が各々レシーバーを耳に当てて東京のセリフを聴きながら、間髪を入れずに自分のセリフを発声す

るのであって（註・杵屋）寒玉一門の長唄、鳴物等は全部AKのスタジオ内でやりAK側の俳優連はスタジオ内にラウドスピーカーを備えて延若等のセリフを聴き乍らセリフの交換を行うのである。で親子放送となるのであるがこの間技術部がスイッチの入れ方に可成りの努力がいる訳でこの放送技術の進歩は将来の国内放送に一大躍進をもたらしたものと喜ばれている」[34]と解説されている。すなわち、この番組は遠く離れたスタジオで発せられた音響を電気的にミックスして放送することが可能となったことを意味しており、「ラジオ年鑑」の1932年版では「聴取者には一演奏室内に於て演出しているかの観を持たせ、ラジオにして初めて試み得る一種の『離れ業』として好評を博した」[35]と記されている。

| テルミンとオンド・マルトノ |

　1920年11月にロシアの物理学者レフ・テレミンは、自身の発明した電子楽器であるテルミンの公開演奏を行った。そして「フィルハーモニーパンフレット」誌の1928年1月号には、日本へテルミンを紹介した最初期の記事「新しい音楽上の発明」が掲載されている。この記事は「1927年の秋のセーゾン。欧洲は一人の若い露西亜の科学者が擁らした驚くべき機械に、全く驚倒されて居る。その青年というのは、レニングラードの国立科学研究所の教授テレミン氏で、其発明を『エーテルの波の音楽』と名付けて居る。それは始めて、フランクフルト市の博覧会に出陳されて以来、独逸内の諸都市で順演されて驚異の的となった」[36]という記述から始まっている。

　そして、テルミンについては「一言に云えば、人間の手の表情で、空中より、強弱高低自由自在のメロディーを引き出す法なのである。そして其機械は一見非常に簡単で、其使用法も至って単純であるという。そして夫より発する音色は単音ではあるが、肉声ともつかずヴァイオリン若しくはチェルロともつかぬ、筆紙に尽し難い美音であると報道されて居る。（略）其使用法に就ては、まだ僅かしか報道されて居ない。只其発音体が、電気のマグネットの作用であって、手の運動が磁力と

電波を調節して音律をなすというだけしか明かでない。其小さい機械の右側に立った一本の金属の杖があって、右の手を夫に近づければ音は高くなり、遠ざければ低くなる。又左側には鐶状の金が取りつけられて居て、右手を遠近に動かす事によって綿の如きピアニシモより百雷の如きフォルティシモまで出し得る。そして、其機械全体は僅か半米あるかないかである。此機械の特長は単に音色が無類に美しいばかりでなく、表情の可能性が他の如何なる楽器も及ばざる位、ディナミークの上にも又、四半音以下の音程にも最大限の自由さを以て居る点にある」[37]と記されている。おそらくドイツの新聞記事などを参考にして書かれたと思しきこの記事において、未知の電子楽器に対しての高い期待が寄せられていたことが分かる。

塩入亀輔は「中央公論」誌の1928年10月号に「機械音楽の発達」という文章を寄稿している。まず、塩入は「近頃の機械音楽の発達はまことに目覚ましいものがある。今迄の機械音楽と云えば、蓄音機と自動ピアノ位であった。それに新たにラジオが出現した為めに、此等のグループの機械音楽は一時に異常な進歩をした。(略)然し蓄音機や自動ピアノ、ラジオ等、いくら発達した所で結局音の再現に止まって、機械音楽としての独自の立場を展げることは出来ない。唯、演奏者と聴衆の間に立って音を伝えるだけのものである」[38]と「機械音楽」の概略と限界を説明している。

続いて塩入は「所が此所に機械音楽としての独自の立場から、其れ自身音を発生する装置が現われて来た。その一つはレニングラードのテレミン教授に依る『エーテル波音楽』であり、他の一つはパリイの科学者ベルトラン氏による『無電式ベルトラン・オルガン』である。(略)此の機械音楽の出現はピアノの構造に電磁気作用を応用して音の継続時間を延長する事を考えさせ、作曲界にあっては無調音楽を出現させ、機械に依らざる音楽も漸次機械的要素が濃くなってきた。もう5年と経たずに西洋音楽は其の形を変える事であろう」[39]と主張している。すなわち、テルミンらの開発による電子楽器の出現は、音色の拡大という領域にとどまらず、当時の西洋音楽そのものを変革させる能力を備えているものとして捉えられていたわけである。

1929年1月にはフェルッチョ・ブゾーニ「Entwurf einer neuen Ästhetik der Tonkunst」(1907年に刊行)の邦訳が、二見孝平の訳により「新音楽美学論」として共益商社書店から出版されている。この書籍には1897年にアメリカの発明家サディウス・ケイヒルが特許を取得した、電気楽器テルハーモニウムについての言及がある。ブゾーニは「新音楽美学論」の末尾において、「今日の和声の寿命はもう永くない、何故なら、総てのものは皆転換の来る事、彼の永久の調和へ次の第一歩を向けることを告げているからである。我々は、尚もう一度今日の和声に於て其のオクターヴェの音程の変化は無限であることを判然意識し、そして、少しでも、無限の方へ近づこうと思う。三分音は予てより我々の戸を敲いて居た」[40]と微分音による作曲の可能性について言及している。

しかし、既存の楽器で微分音による演奏を行うことには限界がある。ブゾーニは「然し、如何様にして、又、何に依って、此等の音(註・微分音)が発生せらるべきであるかとの問題は、之に反し、極めて重大な、そして脅威を感ずる問題である。が、僥倖にも、自分が此の論を書いて居った際、米国からこの問題を簡単に解決する直截な正しい報知を得た。其はサディアス・カーヒル博士の発明に関する通報である。博士は、電流を一の正確に計算した一定不変の振動数に換える事の出来る大規模の機械を案出した。音の高さは振動数に因り、機械は求められたあらゆる振動数を『製呈』するので、是によりオクターヴェの無限の変化は、四分機(註・90度までの角度を測る装置である四分儀の誤記か)の示針に相当する挺(註・操作に用いる針状のインターフェイスを指すものと考えられる)の働により容易く成就されるのである」[41]と述べており、微分音による演奏はテルハーモニウムによって実現できるはずだと考えていたわけである。

さらにブゾーニは「彼は基音に対する倍音の数と強さとの関係が、種々の楽器の音の性質を決定すると云う事を教えたヘルムホルツの理論を模範にとった。それで、彼は、基音を鳴らせる機器に附随せしめるよう、其の倍音の各々を出す補助機の一組を製作し、之で出した音を任意の整理仕方と強さで基音の上へ積む事が出来たのである。(略)又、此の機械は一の鍵盤に依って操縦する事

が出来るので、機械には芸術家の個性を写す能力が保有されてある」[42]と音響合成の可能性についても言及している。この音響合成についての記述は後述するエレクトロニッシェ・ムジークの技法に極めて近く、ブゾーニはテルハーモニウムのもたらす可能性に強い期待を持っていたことが分かる。ただ、ブゾーニの言う「アメリカからの報知」とは、「McClure's Magazine」誌の1906年6月号に掲載された、アメリカのジャーナリストであるレイ・スタンナード・ベイカーの執筆した「New music for an old world」というテルハーモニウムの紹介記事を指している。実に23年弱のブランクはあるものの、電気的な音響の合成についての文献がようやく日本語で入手できるようになったというわけである。

「音楽世界」誌の1929年11月号では「機械音楽」という特集が組まれており、①音楽評論家の門馬直衛による巻頭言、②伊庭孝の「マイクロフォン＝パワー球＝トーキー」というラジオ放送／マイクロフォン／電気蓄音機／電気拡声機／トーキーなどの「機械音楽」についての文章、③作家／音楽評論家のあらえびす（野村胡堂）による「自作自演のレコード」という文章、④音楽評論家の桂近乎（かつらきんや）による「機械化は非芸術化か」という文章、⑤作曲家／指揮者の内田元（うちだはじめ）の戯曲「機械音楽号」、そして、⑥千家亮平「喜劇的対話『器械音楽メニアの没落』」といった文章が掲載されている。

伊庭の文章では「何にしても、三極真空管というものの発明は大したものだ。行きつまった音楽界に、新しい世界を紹介した。まず何といっても、アメリカ大陸発見以上の大事件である。検波と変流、そして拡大。この三拍子が揃って新時代の音響輸送というものを司っている。それまでは音響は空気によってのみといってよかった」[43]と記されている。すなわち、伊庭は機械音楽によって、時間的／空間的な「音響輸送」が可能となったことこそが革命的であると考えていたことが分かる。

そして、桂の文章には「完全なる機械化に依って、おのおのの芸術的価値が害われるように考えるが、それは誤りで害われるのは経済的価値である。現在の芸術品は経済的価値と芸術的価値との両方を有する。／それで、機械化は（完全でも不完

全でも）経済的価値配分を左右するが、芸術的価値（芸術化）には関係はない。非芸術化、芸術化の何れでもない。機械化は大衆化する丈である。無闇に機械化を喜んで、そして芸術化のように思ってる人があるが、そのような人の蒙を啓き得れば幸甚である」[44]と記されており、機械化を単純に新しい芸術の誕生であると称賛する傾向に対しての批判的な意見が投げかけられている。

1929年11月26日に箏曲家の宮城道雄は日本青年館において演奏会「宮城道雄作曲発表会」を開催した。宮城はこの演奏会について「此の11月に作曲発表会を致しますに就て、その節私の独奏で八十絃と云う新楽器を使用致します（略）以前に私は十七絃を案出致しましたが、之は既に御承知の通り大十七絃小十七絃とありまして、何れも専ら伴奏楽器としての目的の為に作ったものですが、此度の八十絃はその使用の目的が非常に広汎で、この一つの楽器で伴奏用にも主奏用にも用いられ、然も独奏で総てを併せ弾奏されるものとして考案したものです、従って普通の箏の用にも亦大小十七絃の用にも、一人で之を兼ね、両手を使ってあらゆる曲が弾ける様に致してありますから、わが箏曲は勿論西洋音楽方面のどの曲でも自由に弾くことが出来ます、実は是は兼てからの楽器に対する私の希望であったので、それを苦心の結果実現したものです」[45]と、新しい箏「八十絃」を製作したことを明らかにしている。

続いて宮城は「元来、お箏としては音域やその半音の自由などに非常に極限されたものがありまして、之を如何にしたらあらゆる弾奏の目的に添う事が出来るかと云う事は私としては兼てからの懸案で、お琴としての半音を自由に扱うとか音域をずっと拡大するとか、邦楽洋楽を通じて何曲でも自在に弾き得るとか、伴奏の加わった独奏として、十三絃と十七絃も兼ね、楽器にするとか、そう云う理想の下に進んで遂に苦心の結果が八十絃と云うものに落ちついた訳です（略）この新楽器の特異とする処はピアノに匹敵して同じものになっておりますから、西洋曲の何でも熟練で弾ける事、及びそれに伴奏も自ら入れる事が出来ると云う処に新日本楽器として独特の処があります」[46]と述べている。

すなわち、宮城はピアノの鍵盤に近い数の絃を持ち、ピアノのように両手を使って西洋音楽も演奏することができる巨大な箏を開発したわけである。こうして宮城は日本青年館での演奏会において、箏と十七絃のための自作「今日のよろこび」を八十絃用に編曲したものと、バッハの「プレリュード」（千葉潤之介は「平均律クラヴィーア曲集第1集 第1番と推測している）を八十絃により演奏することとなった。音楽学者の吉川英史は宮城が八十絃を創作した狙いについて、「①音域の拡大、②半音の自由、③それによって如何なる種類（洋楽曲もふくめて）の楽曲も演奏ができる」[47]ことなどを指摘している。

しかし、伊庭孝は「いつぞや、宮城道雄氏のお宅で、八十絃とやらの箏の御披露があった。製作者の平林（註・勇）君もそこにいたし、宮城氏もひどく苦心して演奏されたので、私はいつもだけの毒舌はふるわなかったが（略）宮城さんの如き優れた人が、あんな事に暇をつぶすのは惜しい事だと思った。幸いに、あの怪物も影をひそめた様だから、大きに安心はしたが、ああいう試みは、結局、日本楽器の短所を、明るみにさらけ出す事より外にないものである。／日本の楽器はいかにも不自由なものである。然し、不自由だからといって、土台からそういう風に作られてあるのだから、うっかり改良する事は出来ないと思うのである。長所を増すのはよいが、より多く肝要の長所が影をうすくされては致し方がない。（略）なるほど、絃楽器の絃をふやせば、音は多くなる。管楽器の穴をふやせば音が多くなる。是は分りきった話だ。分りきった事でありながら、是が決して成功しないのだから面白い。そこに音楽の神秘というものがある。楽器にはおよそ手順といふものがあって、機械的に、理屈の上から音がふえたからとて、円滑に奏する事が出来なければ仕方のないものだ」[48]と述べており、その巨大さのあまり「円滑な演奏」ができない八十絃を批判していた。

宮城も「半音（註・の絃）が下から出て居る関係上、手の位置を替えて下に持って行かなければならぬから、両手を使用する上に於て、殊に特別の練習を要するということであります。（略）元より多少の熟練を要することは言う迄もありません」[49]と演奏の困難さを認めている。さらにピアノのよ

うな大きな共鳴体を持たない八十絃には、「一番目に立つのは音が弱い」[50]という弱点もあった。こちらの問題に対しては「アメリカからマイクロフォンやスピーカーなどの拡声装置（いまでいうPA）をとりよせることにしたのだが、本番でうまく作動しなかったりして、さんざんな目にあった」[51]という。その後、八十絃は1930年1月7日から16日にかけて東京の三越の西館4階にて開催された「音楽に関する展覧会」に出品されたが、「人々の注目を集めたのみで、演奏はされず、宮城邸の奥深くしまわれて、宮城家の人々でさえも平素はその存在を意識しない状態になってしまい、ついには昭和20年5月の空襲（註・1945年5月25日の山手大空襲）で焼失して、『まぼろしの楽器』」[52]となってしまった。

「月刊楽譜」誌の1930年11月号には画家の高野武郎による「発明された新楽器『マルテノ』を聴く」という文章が掲載されている。1916年に土方與志らは「友達座」を結成しており、1918年12月に土方はメーテルリンクの作／小山内薫の訳／山田耕筰の音楽による舞台「タンタジールの死」を友達座の試演として上演していた。そして、1919年4月に土方は「家の地下室に、模型舞台をつくって、照明を故岩村和雄君と、舞台装置を美術学校在学中の伊藤熹朔君、水谷仲吉君らと研究」[53]を始めており、1920年4月には銀座の資生堂において「模型舞台展覧会」を開催することとなった。

この展覧会においては、土方の舞台美術と岩村の照明による「サロメ」などの模型のほかに、高野の舞台美術と岩村の照明によって、1915年の山田耕筰の舞踊曲「若きケンタウル」をモチーフにした舞台模型などが展示されていたようである。土方は展覧会について「私達が昨年（註・1919年）の4月以来約1ヶ月の短日月に（略）上演を目的とした舞台装置と光線との（略）研究をしたこの間にほとんど毎月一回私の新しいSettingと岩村のこれに装置しました光線とをほんのこの会の同人たち及び他の数人の方に発表して批評を乞うて参りました」[54]と述べており、この「模型舞台展覧会」では土方を中心としたグループの研究成果が発表されていたことが分かる。

1920年6月に高野は銀座の資生堂において「高野武郎氏洋画発表会」を開催しており、さらに1925年7月にも資生堂にて「高野武郎氏素描展」を開催していた。そして、1930年に高野はパリへ渡っていたようである。高野の「発明された新楽器『マルテノ』を聴く」という文章には1930年8月15日という脱稿日が記されており、「私は巴里に来てから一週間程して（略）マルテノ氏から招待を受けて、親しくその楽器を見、その演奏を聴き、また自分でも『演奏』してみた。（略）この楽器の発する音色、音質はまったく絃楽器と等しい。高音はヴァイオリンのようで、低音はセロまたはコントラバスのような音である、強弱は自由自在でその度合も広く、ピアニシモは殆んど聴きとれない位迄になり、フォルティシモは、低音などはコントラバス十挺を一度に弾く位の巨大な音が出る。音域は7オクターヴある。／音色は純粋で少しも機械的な音でなく、雑音がなく、その透明、甘美な音色は恰も名人が非常に優れたヴァイオリンとかセロとか乃至はコントラバスを奏した時聴くような美しさで、到底機械から出る音とは思われない」[55]と記されている。

　さらに「テレミン氏（略）の機械には、楽器として役立つまでの進歩がなかった。またバァトランド（註・ルネ・ベルトラン）氏の機械も十分な結果が得られなかった。そして、3人目のモオリス・マルテノ氏によって始めて楽器として役立ち、その機械の優秀なることに並びに発明品として完成せることが、総ての人々に認められたのであった」[56]と述べており、高野は電子楽器オンド・マルトノのクオリティを高く評価していたことが分かる。

　1930年1月から6月にかけて、東京電気（1939年に芝浦製作所と合併して東京芝浦電気＝東芝となる）の販売部長であった清水與七郎は世界を一周する視察へ赴くこととなった。1930年11月に清水はこの視察を報告した文章を発表しており、アメリカで出会ったテレミンについて「セレミンと云う楽器が発明せられ、其楽器に音楽家が手を色々に近づけたり遠ざけたりする事に依って、キャパシチーが変化し其楽器から種々なる音楽を奏しめ得る事が出来るものであります」[57]などと紹介していた。

　そして、1931年1月17日にアメリカRCA社製の電子楽器テルミンが日本に到着する。当時の新聞記事には「東京電気の清水與七郎氏が去る17日アメリカから始めて持ち帰ったもので、一台の価格が600円乃至700円（註・現在の150万円程度）である」[58]と記されている。日本へ到着したばかりのテルミンは1931年1月22日に「AKの愛宕山スタジオで本居長世氏により試演」[59]が行われており、さらに1931年2月13日の東京中央放送局では、東京電気の関重広の解説によって「ラジオ応用の新楽器テレミンに就いて」という番組が放送されている。

　放送当日の新聞記事では「このテレミンはラジオの受信器を一つの楽器に改造してそれで自由な音楽を奏させようという考案であります。それが余りに面白いものでありますので今夕皆様にご紹介しようと思う次第です。尚テレミンの実演はレコードを使用して放送します」[60]と紹介されている。この記述からテレミンの音の紹介には、アメリカのビクター社からリリースされていたテルミンのレコードが使われていたものと考えられる。

　そして、1931年2月23日には日本青年館において、歌手の渡邊光子によるテルミンの演奏により「テルミン実演と独唱・舞踊の夕」が催されている。さらに1931年2月24日から3月5日にかけては銀座の東京電気の本社において「セレミンとラジオの会」が開催されており、「午後2時より4時までは、一般来会者に自由にセレミンの実験をして戴くことにして毎夕7時より日本最初で唯一人のセレミニスト渡邊光子嬢の演奏」[61]が行われたようである。

　その一方で、オンド・マルトノも開発者のモーリス・マルテノとともに日本へと到着する。1931年2月17日の新聞記事には「手の振り方一つでいろいろな音をだす忍術使いのようなフランスの音楽家で無電技師モーリス・マルテノ氏が妹のジネットさんとともに16日横浜へ入った」[62]と報じられている。1931年2月26／27日にマルテノ兄妹は帝国劇場において電子楽器オンド・マルトノの演奏会を開催しており、そして、1931年3月1日に東京中央放送局は作曲家の小松耕輔の解説によって、「マルテノ音波楽器演奏」という番組の放送を行っていた。

この番組ではモーリスのオンド・マルトノとジネットのピアノ伴奏により、サン゠サーンス「白鳥」／滝廉太郎（山田耕筰編）「荒城の月」／ドビュッシー「ゴリウォーグのケークウォーク」などの13曲が演奏されていたようである。また、1931年3月7日に大阪の朝日会館において「マルテノ大演奏会」が開催された際には、「東京音楽同好会」という肩書きによる高野武郎の解説ののちに、オンド・マルトノの演奏が行われている。

　テルミンは当時の新聞記事において、「練習も簡単、音楽の素養のある人なら一週間もすれば立派なテルニストが出来上る」[63]と報じられていたこともあり、かなり簡単に演奏できる電子楽器として捉えられていたようである。しかし、日本にテルミンが到着してからただちに演奏会が開催されてしまったため、渡邊の演奏や本居の試奏はあまりクオリティの高いものではなかったものと推察される。こういった問題もあったためか、当時の反応はテルミンを否定的に紹介し、オンド・マルトノを称賛するものが極めて多い。

　音楽評論家の野村光一はオンド・マルトノについて、「さきにわが国に紹介された『テレミン』（これは楽器としては非常に幼稚なものである）を非常に精巧にしたものである。（略）未来の音楽界を支配するだろうところのこの驚く可きキャパシティを具えた新楽器が、現状のままにおいてすでに驚嘆すべきものである事は、毫も疑う事で出来ぬ」[64]と述べている。そして、堀内敬三もテルミンについては「何も云わなくてもいい（略）アメリカの名指揮者ストコフスキーはマルテノを紹介して『これこそは未来の楽器だ。今はまだ実験時代だが将来此の楽器の応用範囲が広まり此の楽器のための音楽が生れた時、楽界の状況は一変するだろう』と云った。私達も同感である」[65]と述べており、その将来性についても高い期待が寄せられていたことが分かる。

　さらに音楽評論家の増澤健美は、「今回来朝した仏蘭西のマルテノ氏が、テレミンの有する欠点の殆んど全部を除去した新楽器『マルテノ』を完成持参した」[66]と述べており、塩入亀輔は「マルテノは一段と進歩したものである。初歩的の、実験的なテレミンに対しマルテノは今日既に楽器としての其の独立性を主張し得るものである」[67]と発言し

ている。また、ピアニストの笠田光吉は「電波による新楽器『ル・マルティノ』は、これと相前後して発表されたテレミンと比較にならない程の、驚くべき効果を示した」[68]と記しており、そして「無線と実験」誌の主幹であった古澤匡市郎はオンド・マルトノを「新しい独奏楽器として見れば、テルミンに比して、はるかに構造上、演奏上、器械的、電気的に如何に完成されているかは、一見し、一聴したものの、等しく認むる所」[69]であると述べており、いずれもテルミンと比較したオンド・マルトノの優位性を指摘していた。

　渡邊自身も「マルチノはその発音原理に於てはやはり真空管に依るとの事で、セルミンと原理を同じくしてはおりますが、その発音はピアノの如く、キーをもちいております、故その演奏もきわめて、自由奔放の様に見うけられました。この点流石に音楽家の発明である事を首肯させるに充分であります、セルミンにおけるが如き演奏上の困難はこの楽器に於ては余程軽減されて居る様に見受けられました。／従ってセルミンに於ては、ゆるいテンポで音の連続した曲目の演奏をもって、最も適当なものとする様に考えられ、スタッカットの演奏の如きは、殆ど不可能に近い様に思われます」[70]と述べていた。少なくともこの時点での渡邊は、テルミンがオンド・マルトノのような西洋楽器の延長上にある楽器ではないことを感じ取っていたものと考えられる。

｜咸絃｜

　こうして1931年の日本では、テルミンやオンド・マルトノといった電子楽器が実物とともに紹介されることとなった。こうした背景のなか1931年3月4日の東京／大阪朝日新聞には、長唄三味線の四世杵屋佐吉による電気三味線「咸絃」についての記事が掲載されている。杵屋佐吉は「私は、大正8年（註・1919年）三絃主奏楽という、歌詞無しの三味線だけの音楽を創案いたしました。いわば三味線を主とした洋楽風の演奏を表したものでありますが、これを作ります前に、思ったことは、在来の日本の三味線なるものは、本手と上調子とだけがあり、即ち、普通のものと、高音とがある

わけであります。が低音というものがありません。これでは、まずい。何とかして低音を出したい。が、普通の三味線では、低音の出るわけがないので、それより一二寸棹の長いものを使用してみましたが、やっぱりうまく行きません」[71]と述べていた。すなわち、宮城道雄と同様に杵屋佐吉も三味線の発展には「音域の拡大」が必要と考えていたことが分かる。

そこで杵屋佐吉は「思い切って、これを大きくこしらえてみたのが（略）私の大三味線であります。ヴァイオリンに対して、ヴィオラという名前のある如く、三絃に対して、これを豪絃（註・1923年末に考案）と名付けて、三絃主奏楽に応用してみました。／が、その結果は、あまり香しくありませんでした。何しろ（略）天軸から胴の端まで五尺（註・約1.5メートル）もある大きなものなので、これを膝の上に抱えて持つことは出来ません。仕方がないから、下に落して、これを弾く。そうなると、手の活動が不十分ですから、細かい手をひくことが、殆んど出来ません。結局間を拾う伴奏の程度で、活用は頗る狭いものになってしまいました」[72]と、宮城の八十絃と同じく演奏上の問題が発生してしまっていたことを明かしている。

しかし、杵屋佐吉は「昭和4年（註・1929年）頃、石田一作（註・石田一作／一治／杵谷十左衛門は通信省電話局の技師だった人物）という人が電気によって三味線の音を拡大する装置を発明されて、持って来られました。早速これを研究してみますと、中々よく出来ています。普通の三味線においては、糸の振動が皮に伝わって、音が出るのでありますが、これは、糸の振動を直ちに電気でとって、それを拡大いたします。それをまたスピーカーにとるのですから、そのスピーカーの置きどころを変えれば、此方の座敷でひいている音を、向うの方の座敷から、大きく反響させるという悪戯なども出来るという、中々面白い装置です。／それに、電気の装置によって、どんな高音も、振動数を変じて、低音にすることが出来ますし、また、その反対の操作も出来ます。私は、これに咸絃と名付けて大に研究にかかりました。（略）何しろ、三味線の胴の裏に、コードがさし込まれるようになり、胴の中に仕かけがあって、スイッチ一つで、それがいろいろの効果を出すのですから、中々面

白い楽器です」[73]と述べており、服部愿夫の命名によるこの「咸絃」という電気三味線の開発によって、杵屋は「音域の拡大」という問題へ風穴を開けようとしていたことが分かる。

当時の新聞記事には「マルテノ氏の『音波ピアノ』やシェルミンの向うを張つて電気応用の音波三味線『かんげん』の発明が元通信省電話局技師石田一治氏の手で完成された」[74]と報じられており、また、咸絃については「楽器は三味線の皮のかわりに桐板を張り、山型のコマに鉄板を附け、これに電流を通じてラウドスピーカーから音を出す装置でつまり電気応用の三味線であるが、現在の三味線で出し得ない種々の音色を出し水調子（註・弦をゆるく張って調子を特に低くしたもの）のような最低音から三味線の音の600倍くらいの大音も発するので現在の三味線では演出し得ない技巧を用いることが出来、作曲の上にも一大革命を起こすものと見られている、撥弾きでは音が大きくなり過ぎるので、公演も爪弾きで行い、従って微妙な音が柔らかく発し、海上などの広大な場所でも三味線の音が聞こえるわけだ」[75]などと解説されている。

1931年3月9日には「徳川頼貞侯、徳川義親侯、前田利定子などが発起」[76]して、華族会館で開催された咸絃の披露試演会において「咸絃曲」が杵屋佐吉によって初演されている。そして、杵屋佐吉は即座に兵庫の宝塚大劇場へと向かい、1931年3月10日から24日にかけて開催された「春秋座 市川猿之助一座 宝塚公演」において上演された舞踊「踊試合」の音楽を担当していた。この公演プログラムには二代目市川猿之助の率いる春秋座の長唄音楽部として杵屋佐吉社中がクレジットされている。当時の新聞記事には、咸絃を「9日華族会館に公開して一般の人気を博し更に宝塚において実演中」[77]と記されており、後述するように1931年3月25日に杵屋佐吉は大阪において咸絃の試演会を行ったのち、1931年4月末に帰郷している。そのため、杵屋佐吉は咸絃を携えて宝塚へと赴き、「踊試合」においても咸絃を「実演」していたのかもしれない。

1931年3月13日の新聞記事には、長唄奏者の杵屋十畝（神原重治）が「既に昭和4年（註・1929

年)4月頃電気三味線を発明しており『咸絃』はこれと同一のものであるとて上京し6日朝麹町区平河町の杵屋佐吉方を訪い咸絃発明者石田氏と会い更に8日佐吉氏と面会して交渉したが、佐吉氏先は十畝の言を聴き容れず9日夜華族会館において咸絃の演奏発表をなしたので神原氏は12日午後警視庁に出頭し電気三味線使用演奏差止め願いを提出した」[78]と報じられている。

杵屋十畝の言い分としては、「電気三味線は昭和4年（註・1929年）の6月小石川植物園に催された広島県人会の席上で演奏発表したもので当時楽器組立のため麻布霞町無電技士松本重太郎氏の紹介により一人の男に手伝ってもらったがその男こそ問題の石田氏である」[79]というものである。杵屋佐吉はこの発言に対して「杵屋十畝（神原）という人は以前私のところへ弟子入りしていた人で前から三味の音を大きくしたいという理想を持っていた人で『咸絃』を発明した石田君がまだ逓信省に在職中その上役の奥さんに十畝がけいこをつけに行っている時偶々三味の音を大きくしたいなどの話が出たものですから『僕の所にもその研究をしている男があるから紹介しましょう』というのでその上役なる人は十畝に石田君を紹介した。所が石田君は三味がひけないので研究上十畝とは意見の交換位はしたようですが、当時十畝が発明したものとこの咸絃とは全然物が違います」[80]と反論している。

しかし、1931年3月15日の新聞記事では千葉でラジオ屋を営む飯田胤平という人物が、すでに「昭和3年（註・1928年）8月11日付で『摩擦絃楽器の音量増減方式』という名」[81]で特許を取得しており、杵屋十畝は「三味線の特許を杵屋十畝の名義で出願したが先願者があったため特許が与えられなかったのをその後石田氏が十畝氏に無断で一部分の改良を加え前記先願の特許権を無條件で譲り受け十畝氏には内証で石田氏が再出願してまだ許可を与えられずに居る真相が判明するに至った」[82]と報じられている。こうして杵屋十畝の旗色も悪くなり、1931年3月25日に杵屋佐吉は大阪の電気倶楽部において咸絃の披露試演会を開催している。翌日の新聞記事において、咸絃は「普通の三味線では聴取れないほどの低音でもハッキリ聞けるし、かつ強い音弱い音それぞれに三味線と

は全然別な味のある音色を出し」[83]ていたと記されている。

杵屋佐吉は1912年11月29日から自身の主催する長唄の演奏会「芙蓉会」を開始しており、「大正、昭和の二代にわたって長唄界の本流として、研精会と双壁をなす権威ある演奏会を継続、四世佐吉作品のほとんどがこの芙蓉会をとおして発表」[84]されることとなった。1931年5月19日に朝日講堂にて開催された第75回の芙蓉会において、杵屋佐吉の独奏、杵屋勝七郎／杵屋佐之助／杵屋三四郎の伴奏により、咸絃を使用した「小曲五種」と「咸絃曲」が演奏されている。そして、1931年11月24日に朝日講堂にて開催された第77回の芙蓉会においては、町田嘉章の作曲による「三絃協奏曲」が篠原正雄の指揮、杵屋佐吉の咸絃独奏、篠原管絃楽団の演奏により上演されている。

そして、1933年7月2日から26日にかけて大阪歌舞伎座にて再演された木村富子の作／市川猿之助の出演による新舞踊「幻浦島」の「龍宮の場面」[85]にも、杵屋佐吉の演奏による咸絃が使用されていたようである。この舞踊劇は昔話の浦島太郎のラストシーンから始まり、浦島は「束の間に幾百年を過した身を取果み、老いた姿にて気付いて驚き呆れ」[86]ている。そして、中盤の「龍宮の場面」は「海の方が明るくなると竜宮が現われ、鱗族を象徴した男女が楽げに舞って居る。／いつしか若やいだ浦島は狂喜して舞の群へ入り、乙姫や大勢を相手に華やかに舞い」[87]という幻想の場面となる。猿之助はこの場面の音楽について、「龍宮になってから佐吉君の創案になっている咸絃に高音、低音の三味線を伴奏に付けているようですが、是がまた此の場の情景と合って頗るいい効果を出していました」[88]と述べている。

また、1935年8月1日から25日にかけて歌舞伎座にて上演された二代目市川猿之助の立案／山岸荷葉の作による歌舞伎「解脱天狗」の第三場「霊鷲山釈迦如来説法の場」にも咸絃が使用されている。猿之助は咸絃について、「一寸変っていて面白く感じました、用い場所によって非常にいいと思います。／即ち霊鷲山のお釈迦様の説法の場へ使っているようですが、此の場の情景とシックリ合って踊りを生かしています。一寸ピアノのよう

な音がしてオーケストラを入れているのじゃないかと思う位です」[89]と述べており、猿之助は咸絃のもたらす音響的な効果に好意的な評価をしていたことが分かる。

発明家の濱地常康は東京放送局がラジオ放送を始める以前からプライベートなラジオ放送を行っており、このころには電子楽器も発明していたようである。1931年2月20日に濱地はこの電子楽器を「本居長世氏の家に持参して、楽器としての価値如何を研究して」[90]もらっていたという。そして、1931年3月4日の読売新聞には「『マルテノ』に劣らぬ新楽器我国にも生る」という記事が掲載されている。この記事では濱地の電子楽器が取り上げられており、「発明者は『ミスター・バルブ』（註・バルブは真空管のこと）外約40種に余る特許権を有しているアマチュアのラジオ研究家濱地常平氏で5年間の苦心によって完成したものであるがヴァイオリン、チェロ等で演奏し得る曲は自由に演奏し得るものでマルテノの如くピアノと同様のキイで演奏し、音を自由に整調し得ることを特徴としている、これを本居長世氏が新楽器の世界的発明として推称し近く演奏会やAKから放送してマルテノに劣らぬ新楽器が我が国に於て発明されたことを広く世に発表する筈である」[91]と記されている。しかし、真空管を使用したと思しきこの電子楽器の演奏が、東京中央放送局から放送されたかどうかは不明である。

諸井三郎は1932年6月から1934年12月にかけて、1歳半であった次男の誠を含む家族とともにドイツに渡り、ベルリン高等音楽院で学ぶこととなった。のちに諸井は「私がベルリンのホホシューレに勉強にいっていた時、学校の一研究室で電気楽器というか電気発音器というか、これが盛んに研究されていて、私も時々のぞかせてもらった」[92]という証言を残している。1928年5月にベルリン高等音楽院ではラジオのための研究施設が開設されており、フリードリヒ・トラウトヴァインは電子楽器トラウトニウムをこの施設で開発していた。1930年にトラウトニウムは公開されて、トラウトヴァインはベルリン高等音楽院において研究を継続していたものの、1935年にこの施設は閉鎖

されることとなった。すなわち、諸井三郎がベルリン高等音楽院に留学していた際に見学した「電気楽器というか電気発音器」とはトラウトニウムであったものと考えられる。

当時は東京工業大学の教授であった電気工学者の山本勇は、「夏休みを利用した科学講演会で地方に巡歴し（略）前橋から桐生への講演では東京電気（株）の清水与七郎博士の御好意で電波楽器セルミン（Thermin）を借用し、山本先生は実演しながらのご講演」[93]を行っていたという。電子楽器に関心を持った山本は「音階蓄電器式電気楽器」を考案しており、「ラジオの日本」誌の1932年11月号に試作機の写真が掲載されている。この楽器は「細長い硝子板の下方に適当な曲線状に曲げられた銅板を置き（略）演奏者が指頭を硝子板に沿って水平方向に摺動すれば（略）容量が変化し楽音を発生し、一定間隔進む毎に1オクターブ調子が高低する」[94]というものであった。

また「科学雑誌」誌の1933年2月号には、ロシア出身の数学者／物理学者のイヴァン・エレミーフの発明による電子楽器が紹介されている。この電子楽器はフィラデルフィアに作られたエレミーフの研究所で開発されており、「科学雑誌」誌では「楽器の音調の源は電磁気と20分の1馬力のモーターによる歯状磁気型音輪の1システムで（略）鍵盤上のキイは定着しており金属で作られている。（略）キイは触手に非常に敏感で、強く押せば押すだけ音量が豊富であるから、これによれば音楽家は各自思う存分その才能を発揮し得る」[95]と紹介されている。ちなみにこの記事のタイトルは「電子音楽」というもので、「電子音楽」という言葉が使用された最初期の例であるものと思われる。

| ラジオ第2放送／効果音 |

1929年2月19日に日本工業倶楽部において「教育放送に関する内容問題の審査協議を行う為の会合」[96]が開催された。日本において「教育放送」を推進するにあたり、この会合では「大体通信教授の形式に拠るのがよかろうとの意見」[97]でまとまることとなった。この会議の第4回目は1930年2月10日に開催されており、教育放送の内容は、①

「小学生に対する放送(音楽又はお話)」[98]、②「中学男女学生に対する放送(学習学科の補助となる物、修養に関する物、鑑賞的の物等)」[99]、③「小学修了者に対する放送」[100]、④「実業教育としての放送(工業、水産、商業、農業の各課目を文部省規定の学科目に依て撰定する事)」[101]という以上の四分野を中心にすることが決定された。

「ラジオ年鑑」の1931年版には「放送事項は気象、ニュース、経済市況其他日常生活に直接必要なる各種の報道を初め音楽演芸等慰安の方面並に教化、趣味、実用の方面に亘り各種の講演、講座を設け文化の向上、産業の興隆に貢献する所尠なからざるものがあるが多数青年子女に対する補習教育、成年に対する成人教育等組織的に更に一層内容の充実を図るべきは事業本来の使命を完うする所以であるが現在の単一放送設備を以てしては放送時間の差繰増減を行い之等抱負を実行すること至難なるを以て前記教育放送の用に供する為め更に別個の10キロ放送設備を増加して二重放送を行うの計画を樹て監督官庁に認可申請中のところ5年(註・1930年)10月東京中央放送閣に之れが実施の認可を得たので急速に設備を完了して我国最初の二重放送を実施すべく目下各般の準備を進めつつある」[102]と記されている。こうして1930年12月10日から東京中央放送局では、教育放送としてのラジオ第2放送の試験放送が開始されることとなった。

1931年2月1日からは「外国語(支那語、仏蘭西語)(略)農業(略)公民教育」[103]なども加わり、1931年4月6日からはラジオ第2放送の本放送が開始された。当初のプログラムは「少青年季節講座(略)少青年講座(略)語学講座(仏独語)(略)普通学講座(公民科、国語、数学、理科、歴史、地理、家政、現代)(略)実業講座(工業講座中の基礎学科、専門学科)」[104]といったものであり、「ラジオ年鑑」の1932年版には「凡てテキストを用いる事とし、各休憩時間中にはレコード音楽」[105]を放送すると記されている。なお、1933年6月26日からは大阪/名古屋中央放送局でもラジオ第2放送がスタートすることとなった。

「日本放送史」には「昭和5年(註・1930年)ごろ、東京で、古典の保存や、擬音では出せない複雑な音をラジオドラマの効果に使うために、蝋盤に吹き込み、レコード会社に委嘱して硬盤にして、放送に使うことが試みられた。後には蝋盤に代わってアルマイト板が使われたが、当時の録音機はどれも音質が悪く、雑音が多いので、放送そのものに使えるものではなかった」[106]、あるいは「アルミニウム盤またはアルマイト盤を使う円盤式録音機が現われ、昭和6年(註・1931年)頃から東京でも12インチ・アルミニウム盤を使用するものを購入し、査閲用としてディクタフォンと併用していた(略)この録音は雑音が非常に多く、特性も悪く、放送には使用に堪えないものであったが、昭和18年(1943年)頃まで査閲専用に使われていた」[107]と記されている。

東京中央放送局で試験課長を務めていた久我桂一は、1931年11月に上記のアルミニウム盤による録音機を局へ導入していたようである。久我は技術試験部長の初見五郎から円盤型録音機の開発について相談を受けており、そのころ「僕の前にひょっこり現われたのが、受信機の輸入商社として一流の大比良貿易店の番頭だった。(略)番頭はいまでいうプロデューサー・システムできっと作ってみせるから、と絶対にあとに引かない。そこでそのねばりに負けて行ってもらうことにした」[108]という証言を残しているが、大比良貿易店が製作した円盤型録音機もあくまで査閲用としてのクオリティに留まっていたようである。

上記の引用文にあるように、レコードをメディアにして効果音を流すというアイディアは、当然のことながら当時の局員も思いついていたわけである。そして、1930年ごろには技術の進歩により、市販のSPレコードに記録可能な周波数帯域も広がってはいたものの、東京中央放送局においてラジオ放送が開始されてから5年が経過しても、スタジオにおいてリアルタイムで生成される擬音のリアリティに対して、録音再生技術は音質などの面でどうしても敵わなかったことが分かる。

日本放送協会関東支部の常務理事であった中山龍次は、1930年9月に「欧米に於ける放送事業の実態を調査すべく命を受け(略)露西亜を経て独逸に入り、墺太利、丁抹(註・デンマーク)、瑞典(註・スイス)、仏蘭西、白耳義(註・ベルギー)、英国、米国と都合十ヶ国を歴訪視察」[109]する旅へと出発

する。中山は1931年2月に帰国しており、その際に「アメリカで放送劇に使用している擬音用の器具を買入れて来た。これは一つの箱の中に十種類程の音の発声装置が組合わされたもので、大きさは二尺（註・約60cm）の幅に縦四尺（註・約120cm）位であった。ハンドルを押すと猫、犬、山羊などの鳴き声や、『がちゃん』という物が壊れる音、馬橇がつかう鈴の音などが出た。しかし、これとても決して完全なものでなく、猫とか山羊とかの鳴き声程度しか利用できず、かえって日本の擬音の方が、真実に近い音を出すことに成功」[110]していたという。なお、このアメリカ製の「擬音用の器具」と思しき写真が「ラジオ年鑑」の1932年版に掲載されている。

そして「日本放送史」では「この擬音用具が入って間もなく（略）ビクターレコード会社にアメリカ製の擬音レコードが輸入されてきたので早速一組購入した。このレコードは12枚一組で、両面24の音があった。先ず教会のベルの音、消防ポンプの音などは本物同様であった。怒濤の音や、暴風音もあり、利用面は極めて多かったが、中でも汽車の音は殊に成績良く、いかにも踏切を通過する汽車らしく、音が近くなると『かん、かん、かん』という警鐘さえ鳴った」[111]と記されている。

さらに1931年5月11日の読売新聞に掲載された記事では、日本パルロフォンの5月の新譜紹介として「ベルリンパルロフォン擬音部で作った映画伴奏用のレコード」[112]が取り上げられている。このレコードは「片面には『自動車の警笛』『呼鈴』『電話のベル』『銅鑼』『鍛冶屋』その裏には『花火』『鎖』『小銃』『爆音』『イビキ』と数十種が1枚のレコードに収用されている。日本人とドイツ人との聴感の人種的相違から変に感じるものもあるが大体に於てそのまま通用する、殊に『イビキ』なぞは傑作である」[113]と紹介されている。すなわち、1931年ごろにはラジオ放送の分野においても、市販のレコードによる効果音が使われ始めるようになったものと推察される。

1931年7月6日の新聞記事には「AKの弓削田（註・弓削多勝五郎）技師がディクタフォン（音声記録機）から電気的に音を再生し本式のレコードを造ることを発明したので実際の瀧の音、波の響、谷間の流れ、汽笛等あらゆる音をレコードに納め演

芸放送に使用することになった」[114]と報じられている。先に触れたようにディクタフォンは放送用ではなく査閲用として使われていたわけであるが、弓削多は電気蓄音機の要領で機械的振動を電気信号に変換する装置をディクタフォンに取り付けていたのかもしれない。しかし、弓削多の「発明」によって録音された現実音が、実際に電波へ乗せられたという確実な記録を見つけることはできなかった。

藤岡篤弘によると[115]、1931年の時点での映画を上映する常設館の総数は1,449館であり、そのうち発声装置を有する映画館は92館、つまり、約6%程度しかトーキー映画を上映することができなかったわけである。しかし、1933年にそれは約51%（1,498館／765館）にまで増え、1935年には76%（1,586館／1,207館）へ、さらに1936年には93%（1,627館／1,516館）にまで増加することとなった。「日本放送史」では「映画がトーキーとなるにつれて、映画界でも擬音を必要とするになり、したがって、ラジオで発見した擬音と、トーキーで発見した擬音とは、相互に交流するようになり、進歩の速度も早められた。ピストルの音や、小銃弾の飛来音、大砲のとどろく音などが洋画のフィルム録音から利用されたこともあった」[116]と記されている。詳細は不明であるが、1930年代後半ごろから洋画で使用された効果音が、おそらくは無断でラジオへ転用されることがあったのかもしれない。

| 満洲行進曲 |

1931年5月27日に放送された「海軍の夕」では、海軍大佐の武富邦茂の作と放送指揮／海軍軍楽隊の音楽によるラジオ・ドラマ「太平洋行進曲」が放送された。このラジオ・ドラマは「今年の陸軍記念日の催しと同様俳優は一人も使わず、現役の海軍軍人が主役となってそれに東京海洋少年団員及びJOAK唱歌隊が補助出演」[117]するという番組であったが、「日本放送史」では軍によって「職業芸能人の出演は全く拒まれて」[118]しまっていたと記されている。

1931年9月18日には「奉天（現・瀋陽）近郊の柳条湖付近で、満鉄線が爆破され（略）関東軍は、中国軍（東北辺防軍）の犯行と言い立て、中国軍の兵営である北大営と、張学良・東北辺防軍司令の執務官舎があった奉天城に攻撃を開始」[119]することとなる。この満州事変を契機として、日本はいわゆる15年戦争に突入していくこととなり、ラジオ放送における「国民のためという編成方針も、満州事変勃発を契機とする内外諸情勢の圧力の下に、大きな転換を余儀なくされた。事実、軍事物、時局物が次第に放送番組に幅をきかすように」[120]なっていったという。

1931年12月13日には東京劇場において松居松翁の作による舞台「満洲事変」が上演されており、こちらの舞台は東京中央放送局によって中継が行われていた。そして、1932年3月10日に清水宏と佐々木康の監督／堀内敬三の音楽による松竹キネマ製作のトーキー映画「満洲行進曲」が公開されていた。この映画の公開に先駆けて、1932年2月19日には清水宏の演出指揮による放送映画劇「満洲行進曲」が放送されており、放送当日の新聞記事には「時局柄松竹が大馬力をかけて撮影に着手している土橋式松竹フォーンによる国産トーキーを映画物語化したもので、やがて封切の日を期待されている。今夜の出演俳優はいずれも映画に登場するのと同じ顔触れ」[121]であったと記されている。

歯車1950

日本舞踊家の藤蔭静枝（藤間静枝／藤蔭静樹）は藤間藤代／勘次らと藤蔭流を創始して、1917年5月29日に常磐木倶楽部において「藤蔭会」の第1回公演を開催する。1917年6月2日の新聞記事には「同会は頗る盛況（略）漱石先生遺愛夏目千鶴子と唐澤かね子の花がたみは相並んで誠に結構、静枝の長唄四季の山姥は実に当夜の白眉面白く見（略）靭猿は静枝の女大名藤代の橘平勘次の猿廻しで呼物だけに大喝采を博し」[122]たと記されており、藤蔭静枝による「四季の山姥」と、藤蔭流の代表の3人による「靭猿」は好意的な評価を得ていたことが分かる。

書籍「藤蔭会二十年史」において「藤蔭会は、新舞踊のための凡ゆる試みの事実上の実験舞台であった。凡ゆる傾向の作品がそこで試みられ、凡ゆる新舞踊のための才能が、そこで機会を与えられた。このことは、藤蔭会二十年の各期に於て、台本、音楽、装置、衣裳、照明の凡ゆる分野に常に新人の登場が見られることによって最も明らかだが、事柄について見ても、舞踊のための舞台美術に新しい道を拓いたのは藤蔭会であったし、童謡や民謡の最初の舞台化を行ったのも、藤蔭会であった」[123]と記されているように、藤蔭会は新舞踊運動の先駆者としての活動を展開していたわけである。

1922年9月29／30日に有楽座にて開催された藤蔭会の第11回の公演においては、宮城道雄の音楽をともなう「秋の調」と「落葉の踊」が上演されている。とくに「落葉の踊」は「箏に三味線に十七絃大箏との三部合奏」[124]による作品で、「歌詞なしの純粋の器楽曲が日本舞踊によって扱われたことは、これが最初だった」[125]という。藤蔭静枝は「在来の曲ですと、二三度聴きますと全体の感じが解り、振の手も見当が附いて符にして控えられ、アトは練習で固まりますが今度は『別後』（註・本居長世による民謡）にしても、『落葉の踊』にしても楽器や拍子が全く違いますので一度や二度聴いたのでは手も足も出ません」[126]という問題に直面することとなった。

そこで藤蔭静枝は藤蔭会の幹事文芸部にいた町田嘉章に相談したところ、「では写音機を利用しようじゃないかと、日本写音機と云うのを買い込み俄技師に成り澄して手製のレコードを作り此を基礎にして振を考案」[127]することによって繰り返しの練習が行えるようになったという。録音再生技術が日本舞踊の振付に使用されたこの先駆的な公演について、文筆家の厨川蝶子は「宮城氏曲『秋の調』、『木の葉の踊』は特に芸術的価値に富んでいます。（略）あの落葉が木枯に弄ばれて翻々と飛び散り、遂には土に委し朽ちて行くさまの表現法などは、蕭條たる晩秋の野辺を想像させるに充分で、流石に天才なる哉とうなずかせる点があります。兎に角器楽形式の楽曲を斯く迄大胆に取扱った度胸は多とするに足ります」[128]と藤蔭らを高く評価している。

1924年5月22日から24日にかけて、帝国ホテル演芸場にて開催された第15回の公演においては、詩人の竹内勝太郎の作／文芸評論家の勝本清一郎の演出による舞踊詩「蛇身厭離」が上演されており、この作品は小松平五郎の作曲による管弦楽曲が慶應義塾ワグネル・ソサエティー・オーケストラによって演奏されることとなった。その後も1925年6月7日から9日にかけて帝国ホテル演芸場において開催された第16回の公演では、勝本清一郎の作／演出による構成舞踊詩「訶梨帝母」のために、宮城道雄が「尺八、シチリキ、ショウ、ドラ、こ弓のような古風なものとヴァイオリン、ヴィオラ、チェロなど」[129]の邦楽器を含んだオーケストラによる音楽を提供しており、1927年5月11日に帝国劇場において開催された第17回の公演では、山田耕筰の歌曲「芥子粒夫人」が舞踊化されている。

　1929年3月2日に藤蔭静枝はパリのフェミナ劇場にて第19回の公演を開催しており、1930年10月5日に仁寿講堂にて開催された第20回の公演ではプッチーニの「蝶々夫人」とリストの「ハンガリー狂詩曲」を用いた「衆舞」などが上演されて、いずれもアメリカのビクター社製の劇場用の蓄音機が用いられていたという。また、1919年に発足した「国民文芸会」は演劇や舞踊などの領域における功績を表彰するため「国民文芸賞」を設立しており、1931年2月25日に表彰式が行われた1930年度の国民文芸賞では藤蔭静枝が女性では初となる受賞を果たしている。

　1931年4月5日に日比谷公会堂において開催された第21回の公演の第2部では、「戦い」「故郷」「構成231」という3つの作品が上演されており、群舞による「構成231」という作品ではアルテュール・オネゲルの管弦楽曲「パシフィック231」が使用されている。舞踊評論家の牛山充は「構成231」について、「当夜第一の成功は『構成231』である。『浦島』『鳥辺山』の古典舞踊の伝統は全然かなぐり捨て、『お蝶夫人』のロマンチシズムもリリシズムも惜しげも無く放棄し、現代舞踊の最尖端をねらって予期以上の成功を収め得たものとして記録すべき創作であった」[130]と極めて高く評価している。なお「戦い」では琵琶曲の作詞家であった水藤安久が効果音的な音響を担当してお

り、水藤はこの音響について「唯々、戦場における機械的な音楽を、舞台の上へ採録したに過ぎなかった」[131]と述べている。

　1931年10月4日には日本青年館において「第22回 藤蔭会 秋季公演 藤蔭静枝 新作舞踊発表会」が開催されている。この公演ではアンドレイ・パシチェンコの曲をもとにした「ヴォルガ河の暴風雨」と、河田清史（村山知義の筆名とされる）の作による「歯車1950」という作品が上演されており、牛山は「未来派的傾向の『ヴォルガの暴風雨』と、特に『明日を支配する舞踊』と断り書を添えた『歯車』は舞踊家の個性表現を主とする在来の舞踊形式を打破し、静枝、（註・藤蔭）喜子等の名を必要としない単にA、Bで足りる没個性の舞踊家のダイナミックな動き、もしくは運動の構成美に力点を置くもので、視覚に訴えて人を快感の中に溺らしめる在来の唯美的舞踊の観念より解放し、専ら観客のインテレクトに訴え、そのココロを激動させて思索に導こうとする」[132]作品であったと記している。

　「藤蔭会二十年史」では「歯車1950」について、「歯車の持つメカニズムの表現を覘った機械舞踊で、河田清史氏の作。装置、衣裳は三林亮太郎氏、照明は遠山静雄氏で、バックに投映された影の動きが、主導的な単位として巧用され」[133]ていたと記されている。そして、水藤は「歯車1950」の音響について、「私は先ず、機械工場を構成するダイナミックな、メカニカルな音楽を舞台の上に写そうと試みた。リズミカルなピストンの音、クレーンの響、汽缶の唸り、サイレンの響音、その他凡ゆる機械的な騒音を。——伴奏音楽は、凡て音楽的モンタージュを試みた既述の音響に置き換えられた」[134]と、この作品では音楽を使用せずに効果音のみが使用されていたことを説明している。

　さらに1931年12月6日には日比谷公会堂において「第24回 藤蔭会公演 藤蔭静枝 新作舞踊発表会」が開催されており、イリヤ・エレンブルグの戯曲をもとにした北里拓也（村山知義の筆名とされる）の作による「巴里戦士のパイプ」という作品が上演されている。舞踊評論家の永田龍雄は「静枝は『巴里戦士のパイプ』によって1931年度の最大なる刺戟を沈滞せる舞踊芸術界に与えてくれた」[135]とこの作品を極めて高く評価している。水

藤は、「巴里戦士のパイプ」について、「唯々、ド
ラマティックな舞踊であって、私は事務的に、そ
のムードを破壊せざる程度に、音を使用していれ
ばよかったのである」[136]と述べており、具体的な
方法は不明ではあるが、この作品でも何らかの音
響が使用されていたようである。いずれにしても
1931年には「機械」というテクノロジーによって
想像力を刺激された舞台のための作品が生まれて
おり、音の要素がそこで重要な役割を果たしてい
たことが分かる。

| 東京の鼓膜 |

　1932年1月16日に齋藤健二の作、歌人／国語
学者の土岐善麿の放送指揮によるラジオ風景「東
京の鼓膜」が放送された。放送当日の新聞記事で
は東京中央放送局の懸賞募集に入選したこの番組
について、「全然テーマを持たず、純然たる写実に
行った所に特徴があり、擬音のモンタージュによっ
てラジオ風景としての効果を挙げる。作者齋藤健
二氏は早大文科の出身で、同業中外新報の記者を
していたことがある」[137]と記されている。そして、
この番組は「帝都の鼓動を統合して、その濁音、
清音、雑音、騒音の奏でるオーケストラを撮し取
らんとした多角的な表現」[138]を試みたものだった
ようである。
　第1景の「午前4時から6時」は、「時計4時を打
つ、省線の或る駅で釣師が二人始発電車を待って
いる（略）やがて始発電車は来て此の人達を運んで
行く。／暗転すると此処は魚河岸。河岸の男の魚
を数える声、発動機船のエンジンの音。魚を買出
しに来た旦那——船頭——すし屋——溌剌たる早
暁だ」[139]といった音による情景の描写だったよう
である。そして、さまざまな登場人物による断片
的な会話なども挟まれつつ、最後の第11景「午前
0時から4時」は、「突如電話のベル。病院から主
婦に知らせた愛児の危篤。（略）強く受話器をかけ
る音。つづいて戸格子戸。下駄の音、同時に自動
車のエンジン（略）自動車、発車の音。キシリ。遠
く鶏の声。段々消える。時計4時の音」[140]によっ
て終わる。こちらの「東京の鼓膜」という作品は、
1930年7月に「擬音レビュー」として放送された

「夏八景」の延長上にあるものと思われる。しか
し、最後のシーンのようなドラマ的な要素を導入
することにより、「夏八景」の放送時に聴取者から
受けたような否定的な反応をある程度は避けるこ
とができたものと思われる。
　齋藤はこの番組の「ヒントになっているものは
石川雅望の『吉原十二時』と映画の『伯林交響楽』
です」[141]と発言している。1800年代初頭の吉原の
一日を描いた「吉原十二時」は、「卯時」（午前5時
から7時）から始まり、「寅時」（午前3時から5時）で
締め括られる構成となっている。そして、ヴァル
ター・ルットマンの監督による1927年のドイツ
映画「伯林 大都会交響楽」は、夜明けとともにベ
ルリンへ汽車が到着するシーンから始まり、夜の
ベルリンで人々が酒を飲んだりルーレットに興じ
たりする姿などが描写されて終わる。先に触れた
ように「夏八景」にはルットマンの「週末」との
同時代性があるわけだが、「東京の鼓膜」において
もルットマンの「伯林 大都会交響楽」が参照され
ていたというわけである。
　なお、1932年1月25日に放送された真山青果
の作／太田友吉の演出指揮によるラジオ・ドラマ
「首斬代千両」は、「ラジオ年鑑」の1933年版に
よると「見せる筈の劇を台詞一点張りで押通し、
背景音も伴奏も全然無視した処に新しい演出形
式が見出された」[142]と紹介されている。すなわち
「東京の鼓膜」のような作品と並行して、この時
期にはセリフ以外の音の要素を完全に排除すると
いった逆方向の試みもなされていたことが分かる。
　1932年6月28日にはルドルフ・レオンハルト
の原作／千田是也の結成した東京演劇集団文芸部
の訳による「闘牛」が放送されている。1950年
11月に公開された千田へのインタビューにおいて
は、「このドラマは本格的なものであって、マイ
クロフォンを自由自在に移動してスペインの闘牛場
内のスケッチをし、令嬢、淑女、少女、労働者、
女、乞食、未亡人、子供、百姓などが、闘牛に対
する昂奮を語るのと、闘牛に反対する一人の若い
女を登場させて、その女が牛と共に倒れる悲劇を
扱ったもので、『炭坑の中』ともちがった放送劇の
処女地を開拓したものであった」[143]と記されてい
る。この番組では物理的にマイクロフォンを「自
由自在に」移動させることによって、これまでに

はなかった遠近的な効果が追究されていたのかもしれない。

1932年7月30日から8月14日にかけてロサンゼルス・オリンピックが開催されている。「ラジオ年鑑」の1933年版には「放送協会は夙に万全の策を講じ、数次、海外視察員をして彼地の放送事業当事者並にオリンピック関係委員と下交渉を重ねしめたのみならず、6年（註・1931年）8月には特に東京中央放送局放送部長を派して此の計画の具体化を折衝せしめた。／此の交渉に対してNBC（CBSと共に北米二大放送網をなす）当局は提携を快諾した」[144] と記されている。しかし「斯くして万端の準備を整え愈々特派員を決定せんとした7年（註・1932年）6月になって突如NBCから『オリムピック委員はアメリカの国内放送に対しても許諾を与えない。従って日本への実況放送も不可能である』との飛電を寄せ事の意外に喫驚せしめた。（略）その理由とするところは全然オリムピック委員とアメリカ放送事業者との権利金其の他に関する意見の相違に基づくものであるが、結果は我国への実況放送中止をも余儀なくしたのであった」[145] というトラブルに見舞われてしまう。

そこで「派遣員は已むなく競技場で実況を記録して自動車で約15分位の距離にあるロサンゼルス市内のKFI放送局（NBC所属ロサンゼルス演奏所）に至り、毎日1時間宛、アメリカ時間で午後7時より8時まで（日本内地では翌日の正午から1時迄）放送し、これを有線でサンフランシスコ郊外KKW局（RCA所属ボリナス発信局）に送り、此処からの短波を我が岩槻無線受信局で受け、有線でJOAK愛宕山演奏所に継ぎ全国に中継放送」[146] された。すなわち、ロサンゼルス・オリンピックではアナウンサーが事後的にオリンピックの模様を伝えるという、いわゆる「実感放送」が行われることとなったのである。

1928年3月26日から30日にかけて、築地小劇場は帝国劇場において、第74回公演として青山杉作／土方與志／小山内薫の演出、近衛秀麿の音楽指揮、新交響楽団の演奏、和田精の舞台効果及び音楽係によって、イプセンの戯曲にグリーグが作曲した「ペエルギュント」を上演していた。そし

て、1932年9月17日に東京中央放送局は、ラジオ・ドラマ「ペール・ギュント」を青山杉作の演出指揮、斎藤秀雄の指揮、日本放送交響楽団の演奏により放送する。放送当日の新聞記事には「深川清澄公園に於て築地座と日本放送交響楽団を動員しての野外放送である。尤も衣装も着けぬ本読み的演出で一般に公開されぬのは残念だが100パーセント放送効果を期待されている」[147] と報じられていた。この番組は屋外からの中継放送によって、屋外ならではの響きをラジオ・ドラマに取り入れようとした試みであったのかもしれない。

| 国際連盟からの脱退 |

1932年3月1日に満州国が建国され、1932年9月15日に日本は満洲国の独立を承認する日満議定書を締結した。1932年10月2日にはリットン報告書が公表されて、この報告書によって「満州事変における日本軍の軍事行動は自衛権の発動だとする日本の主張を否定し（略）満州国の建国は民族自決によるとの日本の主張も、これを退け」[148] られることとなった。1932年11月20日の東京朝日新聞では「リットン報告書を中心に、満州問題を討議する国際連盟理事会も、いよいよ来る21日から開催されることとなったが予てAKでは短波長によって全権等の公演を中継すべく、逓信省岩槻無線局の協力の下に受信準備」[149] を整えたと報じられている。

こうして1932年11月21日から4日間にわたり、日本首席全権として国際連盟理事会に派遣されていた松岡洋右（のちに第63代外務大臣を務める）や、駐ベルギー特命全権大使であった佐藤尚武（のちに第54代外務大臣を務める）らの演説がジュネーブから日本へと中継されることとなった。ここから約3ヶ月半後の1933年3月8日に日本は国際連盟からの脱退を決定することになるわけであるが、満州問題を巡るこの国際連盟理事会についての国民の関心は相当に高かったものと思われる。

「ラジオ年鑑」の1934年版では、「波乱を極めた連盟会談の動向は世界の耳目を聳動したが就中国運を賭し焦土外交を以て臨む我が全国民の関心はレーク湖（註・レマン湖のことか）畔に傾到され、

重望を負うて檜舞台に活躍せる我が代表部員並に新聞通信特派員の動静を一刻も早く知悉せとする熱望は転じてその肉声の一語だに開かんとする焦慮と化し、全国民待望の眼が期せずして初冬の空に躍動せる我がアンテナに注がれたのも筆紙に尽し難き苦心経営に対する国民の感謝と後援の自然的な発露に他ならないのである。而してジュネーブ中継放送の成功はその内容に於ても又技術に於ても従来の我国国際放送に全く新生面を拓きたるのみならず、同時に我がラジオの偉力を国際的に顕揚せるものとして特記すべきである」[150]と記されている。

1932年11月21日の国際中継について、「ラジオ年鑑」の1934年版においては「雨か嵐か理事会開会を前にして松岡首席全権の第一声の開える日である。早朝6時から双方発信し当方は電信にて伝答連絡したが前日に引続いて受信状態が不良で加うるに強烈な空電妨害に悩まされ充分の明瞭率が得られず、6時31分プログラムの開始された時は幾分感度良好となり、次いで40分頃松岡全権の熱弁が開始されたときは更に感度が上昇したが依然空電妨害甚だしく6時58分プログラム終了まで遂に満足な結果は得られなかった」[151]と記されている。

そして、1932年11月22日の早朝には佐藤による「国際連盟会議の経過」という演説の国際中継が行われており、新聞記事には「前日に比し空電も少くコンディションも良好でまず成功であった、なおAKの新しい試みである放送の録音は第1日は失敗したが22日は見事に成功、午後4時20分から同50分までこのレコードを放送する」[152]と紹介されている。

この放送は日本の放送局において独自の音声を録音し、それを電波に乗せた最初期の番組であると思われる。「ラジオ年鑑」の1940年版では「6日間に渉るジュネーブよりの国際放送の中継放送をPCLにて受信録音し、毎日午後4時20分より再生し放送する予定であったが、成績が余り芳しくなかったので、実際に放送したのは22日の『国際連盟会議の経過』と題する佐藤全権の演説のみであった」[153]と述べられている。そして「日本放送史」では「写真化学研究所（PCL：Photo Chemical Laboratories）で受信録音され」[154]ていたと記され

ている。1932年10月25日にPCLは2つのトーキー・ステージを持つレンタル・スタジオを開設しており、佐藤の演説は完成したばかりのこちらのPCLのスタジオにおいてレコードへと録音されていたのかもしれない。

1933年4月24日の読売新聞に掲載された記事では、「このほど芝区白金三光町東京トーキー製作所が同放送局の放送を無断で蓄音機のレコード化しひそかに販売していることを探知し、無線電信法および聴取規約違反並びにラジオ著作権擁護の建前からこのトーキー製作所に対して厳重なる警告を発することになった。この製作所の販売方法はAKの講演者や子供の時間の童謡歌手を出す小学校を訪問して放送をそのままレコードにして永く記念してはと勧誘し予約の上販売するという新戦術をとっていてそれぞれ放送者の承認をとっているのでAKでは一伝警告にとどめ、将来この種の違反者に対しては厳重に取締ることとなった」[155]と報じられている。

しかし、東京中央放送局からの警告は効果がなかったのか、あるいは何らかの合意がなされたのかは不明であるが、1933年8月7日に東京中央放送局から東京府知事の香坂昌康による防空演習についての演説が放送されており、この演説は東京トーキー製作所の記録による円盤型レコードが現存している[156]。そして、1935年5月2日に東京中央放送局の「子供の時間」の枠から放送された「三絃童謡」という番組についても、「（註・町田）嘉章の娘の行子と圭子が三味線童謡を父親の三味線でうたうことが決まったその放送2日前というから4月30日ということになるが、嘉章宅へ電話がかかってきた。電話の相手は（略）東京トーキー製作所で、用件は『お宅のお嬢さんが放送されるので、記念にその唄をレコードにしませんか、代金はレコード一枚5円ですが』といったものであった。この会社は、登録商標 GALVER で、NEW PROCESS HOME RECORDS と銘うって、個人の声を記念レコードに作るところであった」[157]という証言が残されている。

すなわち、東京中央放送局の警告から約2年が経過しても、東京トーキー製作所は出演者に直接交渉を行って録音盤を販売するという商売を継続

していたわけである。なお、1936年2月26日に起こった二・二六事件では、戒厳参謀であった難波三十四大尉によって、青年将校たちによる電話を盗聴して録音することが指示されていた。このときに用意された2台の円盤型録音機のうち、少なくとも一台は東京トーキー製作所の録音機だったようである。

1933年7月1日には「三都の文化を語る」という座談会が放送されている。この番組は「ラジオ年鑑」の1934年版によると「AK永田秀太郎、BK下村宏、CK小山松寿の三氏に依る座談会が最初の三元放送としてABC三局間に行われたが、その特色とすべきは原稿のない寛いだ自由会談で流暢に運ばれたことである」[158]と解説されているように、東京／名古屋／大阪という離れた場所からリアルタイムで鼎談を放送することに成功したわけである。

「日本放送史」においてはこの番組における技術的なポイントとして、「三元放送の場合、AKでミックスするとBKの音声電流はまずAKに送られ、AKでミックスされたものがさらに大阪に逆送されるから、BKからの音声は、どうしても多少の変質を免れ得ない。反対にBKでミックスすることになると、AKの音声は同様の理由で劣化することになる。／そこで、以上の障害を最小限度にくい止めるためには、中間局であるCKでミックスすることが最善ということになり、初の三元放送は、CKでミックスすることになった」[159]と記されている。

| 大阪中央放送局　1930年〜1933年 |

和田精は前章ですでに触れたように大阪中央放送局へ入局することとなる。和田は「私は昭和5年（註・1930年）に日本放送協会・大阪中央放送局の職員になったのだが、その気になったのも当時、放送部長をしていた故・煙山二郎が述べたたったひとことを、私が信じた結果だった」[160]と述べており、1930年1月26日には大阪中央放送局の「趣味講座」の枠から、和田による「劇と音響効果の研究」という番組が放送されている。

そして、1941年に大阪放送効果団へ入団した辻好雄は、「昭和5年、和田精がスタジオ、デレクターの名目で、上本町9丁目のBKに入局したときは、奥屋（註・熊郎）文芸課長以下わずか10人前後しかいなくて、しかも3つのスタジオはいずれもバラックであったが、仕事熱心な和田精は暇さえあれば、放送指揮をも担当してドラマ制作に協力をし、つぎつぎと効果と演出に新らしい技術を開拓していった」[161]と述べている。奥屋も和田が「BKに来るようになってから、こんなスタジオだけでは仕事らしい仕事にはならんということを、彼は言い、私もそれはそうであろう」[162]と思ったと発言している。すなわち、和田が入局した当時の大阪中央放送局の設備はかなり貧弱であったものと推察される。

1930年4月に大阪中央放送局は、ラジオ・ドラマ／浪花節／落語という3つの分野における新作の脚本を募集することとなった。ラジオ・ドラマ部門で当選したのは長谷川幸延の「おんごく」と唐崎三郎の「都会の邂逅」であり、佳作の第1席には於賀和の作による「河」が入選していた。1930年9月2日に「河」は林久男の放送指揮／和田精の効果／金井節男の擬音により放送されることになり、そして、1930年11月25日には「都会の邂逅」が、坪内士行の放送指揮／衣田龍生の効果によって放送されている。辻好雄は「都会の邂逅」について「マイクを屋外に持ち出して、現実の音を効果音としてスタジオの中でやっているドラマに結びつけようと云う、録音のないこの頃としては画期的な試みであった。『都会の邂逅』は大阪中之島渡辺橋市電交叉点の街頭音を、当時の朝日会館の楼上、窓外にマイクを設置して中継」[163]していたという。

1930年12月2日には五丈獏の作／渡辺三郎の放送指揮／丹野宰吉の効果によるラジオ・ドラマ「蟋蟀」が放送されている。和田精はこの番組について、「脱線してがけから落ちた汽車の中にとじこめられた客の心理を描いたドラマでね。その効果を出すのに、固定マイクをはずして天井につるし、時計の振り子のように動かすなどして、かなり苦労した」[164]と説明している。「ラジオ年鑑」の1931年版では大阪中央放送局において制作されている番組の特徴として、①「マイクロフォン芸術

の苦心」／②「昼間音楽に対する定見」／③「郷土芸術及郷土色の強調」／④「系統的定期演奏の実行」／⑤「めざましい舞台中継」が挙げられている[165]。すなわち、和田が大阪中央放送局に入局したことによって、「マイクロフォン芸術」という新しい革新的な芸術が進められるようになっていたことをここに確認することができる。

1931年7月24日には長谷川幸延の作／大西利夫の放送指揮によるラジオ・ドラマ「おんごく」が放送されている。放送当日の新聞記事では「このドラマの背景が天神祭になっている為に天神祭の宵宮に当る今晩を放送日に選び天満天神境内に吸収マイクロフォンを設置し有線中継により祭礼囃子並に宵宮の状況を取り入れ適宜ドラマ中にダブらせる事になっている。ドラマの背景に一部現場中継を加えた例は既にBKで一二度行い何れも相当の成績を挙げている」[166]と紹介されている。和田らは「都会の邂逅」に続く「おんごく」においても、中継によるリアルな現実音をラジオ・ドラマへ導入しようとしていたことが分かる。

1931年8月1日に松竹キネマの製作による五所平之助の監督／土橋晴夫の録音によるトーキー映画「マダムと女房」が公開された。1927年10月に公開されたトーキー映画「黎明」以来、日本では少なくとも17作のトーキー映画が作られていた。日本美術史家の奥平英雄は「マダムと女房」以前の国産トーキー映画について、「之迄の日本トオキイに用いられたイーストフォンと云い、キノラ式(註・1931年5月公開の渡邊新太郎監督による帝国キネマ演芸製作の映画「赤垣源蔵」において、遠藤紐太郎・志間経太郎らの考案によるキノラ式が使用されていた)と云い、之等のレコードシステムは決して好い結果を齎さなかったし、それに刻々輸入されるアメリカトオキイの主要会社は殆んどフィルム式によって顕著な効果を挙げつつあるので、今やトオキイのフィルム式に拠るべきは必然の勢となつた」[167]と述べている。

続いて奥平は「そしてここに昭和6年の春、土橋式フィルム式トオキイなるものが出現したのである。そしてこの土橋式トオキイが松竹蒲田の注目する処となって、此処に第一回提携作品として『マダムと女房』が生れたのである。／夫故『マダムと女房』は純国産のフィルム式トオキイの嚆矢をなすという点だけで、既に日本トオキイ史上一つの注意を投じているのである。然るに之が在来の諸作品に見られなかった音の明確さを断然発揮し、何よりも先ずトオキイとしての第一條件を完全に把握したのであるから、何よりも先ず土橋兄弟の大いなる功績を認めなければならない。(略)日本のトオキイは『マダムと女房』によって憂然と黎明期の幕を切って落され、それ以後に於て初めてトオキイらしいトオキイを見出すことが出来るに至ったのである。そして今や明確な音を獲て、之を如何に生かし、音と画面との調和を如何様に満足せしめるかに就いて漸く熟考時代に入ったかに見える」[168]と述べている。すなわち、1931年8月の「マダムと女房」の公開により、日本においてもようやくフィルムのサウンドトラックによる録音が実用的なレベルに達することとなったわけである。

1931年9月1日には「トーキーの夕」という番組が大阪中央放送局から放送されている。この番組は「マダムと女房」に「ミキサー」としてクレジットされている狩谷太郎の「トーキーの話」から始まり、初期のトーキー映画の例としてドロシー・アーズナー監督による1929年製作のアメリカ映画「底抜け騒ぎ」、国産のトーキー映画として「マダムと女房」、そして、最新のトーキー映画として1931年に製作されたフリードリヒ・ヴィルヘルム・ムルナウ監督によるアメリカ映画「タブー」の音響が紹介されていた。

放送当日の新聞記事では「トーキーが日本へ来てからもう2年に垂んとするが、それ以来日本の映画界でも無声映画のトーキー化がしばしば企てられたが、資金難やらその他の事情で、なかなか本格的なものが生れ出なかった。ところが今度松竹キネマで北村小松原作、五所平之助監督の『マダムと女房』というのを土橋式フォーンシステムで撮影し、漸く本格的なものとなって完成し、専門家の間でも漸く世界のトーキーと肩をならべる域まで漕ぎつけたことが認められたのである／今夜BKではその映画を放送室で映写しフィルムに採録された音と対話だけを放送しようとする新しい計画であるが画面を見せないで、音だけの放送

で果してその映画の気持ちが出るかどうか、普通の映画物語と比べてどう違うか初めての試みだけに非常に興味を持たれているわけである、同時に放送されるクララ・ボウ（註・アメリカの女優）の『底抜け騒ぎ』は大阪へ現われた最初のアメリカ・トーキーであり、またパラマウントの『タブウ』は今秋劈頭をかざる最近のトーキーとしていずれも日本トーキーとの比較として興味ある出しものであろう」[169]と報じられている。

　「日本放送史」ではこの「トーキーの夕」について、「部分音楽、部分音響を、今度は映写機と音響再生機とをスタジオに持ち込んで実施」[170]したと記されている。さらにこの文章では「引続き数回同様の放送を行った。当時としては、ディクタフォンや素人吹込レコードの『日の本ホン』式音盤では放送の目的は達せられない。フィルムの方が一歩前進しているだけでなく、いろいろな角度からみて今後の急速な改善に希望が持てたので、大阪放送部門としては専らフィルムを目ざした。昭和7年（註・1932年）のことである」[171]と述べられている。この記述から「トーキーの夕」を契機として、大阪中央放送局では録音した音響を電波に乗せるため、映画フィルムのサウンドトラックの研究が進められるようになっていたようである。

　1932年4月14日には「花の夕」という番組が放送されている。第1部は「講演」として当時はおもに関西で英語教師を務めていたグレン・W・ショー（戦後はアメリカ大使館文化情報官を務めた）による講演「碧眼で見たサクラ」、第2部は「合唱」として川柳作家の岸本水府の詞／松本四郎の作曲による「桜咲く国」、第3部は「新日本音楽」として宮城道雄作曲の「さくら変奏曲」、第4部は「戯曲」として岡本綺堂の作による「勿来関」、第5部は「新小唄」として桝田泰昌の詞／中山晋平の作曲による「桜シャンソン」、第6部は須磨寺より「マイクロフォン・ロケーション」として詩人の富田砕花による「春宵の須磨を逍いて」の中継、そして、第7部は「長唄」として「吉野天人」が放送されていた。

　放送当日の新聞記事には「百花繚乱の春の夜姿をアンテナを通じて各家庭へ送り込もうという新らしい試み――BKでは今夕の番組の全部を『花の夕』と題して花の4月にふさわしい特集プログラムを放送することになった。（略）須磨寺鐘楼前に置かれたマイクロフォンより詩人富田砕花氏が『春宵の須磨を逍いて』と題して、鐘音や松籟の音を背景に興味深い放送」[172]が行われると記されている。「ラジオ年鑑」の1933年版では「春宵の須磨を逍いて」について、「放送の進点を、放送さるべき事実そのものの固有する社会性のみに求めず、その事実を背景として浮かび出ずる情趣に置き、現実に即してしかも即せざる夢幻境を描かんとする試み」[173]であったと評している。

　このように大阪中央放送局における中継技術の発展は、ラジオ・ドラマだけでなく「詩と音響」を融合させるという方面にも広がりをみせていたことが分かる。こうした背景もあり、1933年10月17日からは「詩の朗読」という番組の放送が始まっている。この番組は「朗読と音楽との結合に依って聴取者に詩の真個の生命を把握せしめようと」[174]するものであり、大阪中央放送局の局史には「約2年間にわたり9回放送する。山田耕筰らが作曲・指揮する管弦楽伴奏は、時には即興曲が入り、また擬音も効果的に取り入れられ、朗読の新しい形式を生み出した」[175]と記されている。

　新聞記事では1933年10月17日の第1回の放送について、「詩の朗読放送は外国ではしばしば試みられているが、我国ではその余りにも高踏的なるの故によってか、いまだに定期的な放送種目のうちに加えられずわずかに『詩の夕』『惜春の夕』等の際に放送されたに過ぎなかったが、BKでは本日からいよいよこの放送を実行することになった。その第1回の試みとして自然派詩壇の雄富田砕花氏によって島崎藤村氏の『千曲川旅情のうた』のうちより『椰子の実』『小諸なる古城のほとり』『望郷』『東西南北』『母を葬るの歌』の5篇を選び、伴奏は10名くらいの管絃楽で、伴奏作曲は山田耕筰氏がこれらの詩篇のための伴奏曲を作り同氏自らの指揮で放送することとなった」[176]と紹介されている。

　1934年1月5日の第2回となる「詩の朗読」では「西條八十詩集より」と題して、女優の岡田嘉子の朗読、橋本国彦の作曲／指揮、大阪ラジオ・オーケストラの演奏により放送された。「詩の朗読」の企画者であった奥屋熊郎は「即興曲伴奏に

よる朗読法／これは朗読者に毛ほどの拘束を与え
ず、心の儘の朗読を託して、ピアノ又はオルガン
による伴奏者（同時に作曲者）がその朗読に即して
所謂即興曲伴奏を試みてゆく方法である。この方
法については昭和8年10月第1回の『詩の朗読』
を終えた後で、山田耕筰氏が一度それをやって見
たいと言われたことを記憶するが、実際的には
（略）第2回（岡田嘉子氏朗読）の時、橋本国彦氏が
『年』『雪の夜がたり』の2篇に対してこれを試み
られた」[177]と述べている。

さらに奥屋は「音響効果、擬音効果附の朗読／
作曲せられた伴奏音楽に拠る朗読でもなく素朗読
でもないものに、擬音効果を背音とする朗読法が
ある。これはBKの第5回（照井瓔三氏朗読）の時
（註・1934年9月24日放送「高村光太郎詩集より」。
作曲は石井五郎）、照井氏によって初めて試みられ
たもので、『牛』には簡単な音楽に木魚を配し、
『龍』にはドラを使った。照井氏は更に第8回（註・
1935年4月30日放送。室生犀星／河井酔茗／富田砕
花／堀口大学／高村光太郎／北原白秋／島崎藤村の
詩、小松清の作曲）で『五月のウナ電』（註・高村光
太郎の作）にモールス符号類似の擬音効果を用い
た。又第7回（註・1935年2月19日放送。ポール・
マリー・ヴェルレーヌ／オイゲン・クロアサン／三富
朽葉／川路柳虹の詩、宮原禎次の作曲）では川路柳虹
氏が『夜の宿』で囚人の合唱とコップを叩きつけ
る音を舞台効果的に用いた」[178]とその具体的な内
容について記している。

1934年9月24日に放送された照井瓔三の朗読
による第5回について、南江治郎は「第3スタジオ
（容積287立方米、残響時間0.75秒）に於ける照井氏
の詩の朗読の放送演出に立会った事がある。この
時の高村氏の詩『秋風風辞』の演出に際して、和
田精氏の発案に依り、先ず朗読者の位置（略）に対
してA・B二箇のマイクロフォンを（略）設置した。
／さて放送に際して、朗読者は詩の一行を二回宛
同じように朗読してゆき、その度毎に副調整室に
於けるコントロール・パネルに依ってAとBとを
順次に交互に活かしていった。その結果としてA
は普通の朗読として聴かれ、Bからのものは前回
のものが遠く広く山野の空間にこだましているか
の如き聴取効果を得た。同一スタジオに於いて、
たった一人の演技者がほぼ同じコンディションに

依る発声に対しても、そのマイクロフォンの位置
の方向性と直接音と間接音たるか等に依って、そ
の残響感にはこれだけの差異が生ずるのである」[179]
と解説している。

「ラジオ年鑑」の1935年版では「従来創造され
たラジオ独自の芸術としてラジオドラマ、ラジオ
風景、ラジオ物語があるが、本年（註・1934年）に
入り特にラジオ芸術の新生面として登場されたも
の」[180]として、東京中央放送局で制作された「ラ
ジオ小説」と大阪中央放送局の「詩の朗読」が挙
げられている。「詩の朗読」は「聴覚鑑賞に喚び醒
し朗読者による言魂とも云うべき正しく美しい言
葉の韻きに音楽伴奏を織交ぜて詩の精神を時間的
に鏤刻したもの」[181]であると説明されており、そ
して「放送」誌の1935年10月号に発表された奥
屋の文章においても「この運動に於ける詩と音楽
の関係は、音楽（又はサウンド・エフェクト）を附す
ることが、聴覚を対象とする表現として適切だと
思われる詩に対してのみ音楽（又はサウンド・エフェ
クト）を附することであり、一般リードの場合の如
く、楽曲が詩の詞句を従属させたりはしない。即
ち詩は自由なる表現の道を害われず、音楽（又はサ
ウンド・エフェクト）はこれを補い、これを粉飾し、
これを誘導し、又これと協奏するの役目を持つ。
この形式が『詩』の芸術領域を拡大し、詩に対す
る一般の理解を深めることになる」[182]と述べてい
る。すなわち、1933年10月にスタートした「詩
の朗読」によって、詩と音楽と効果音による新し
い「マイクロフォン芸術」がまた一つ誕生したわ
けである。

1933年8月14日に石川晋子の作／文学者の成
瀬無極の演出によるラジオ・ドラマ「波浪」が放
送された。この番組は和田精によると「乗合を捨
てた二人の男女が、遊覧地の宿屋の客引や名物屋
の呼声などを聞き流しながら海岸に向って行き、
やがて波の砕ける断崖の上に立つが、次の瞬間女
は男を海に衝き落して夢中で馳け去る。その女の
耳を再び客引や売子の声が掠める」[183]といった音
による演出が強く試みられていたようである。辻
好雄は「全篇が移動によるドラマで海辺の殺人を
扱い、心理描写の秀れた点で抜群であった。効果
音として波の音が全編を通じて、心理的にも絡む

ので、効果マンは擬音の大きな波篭を全編を通して振り続けなければならない。腕がしびれてきて波篭の操作には大へん苦労したのである」[184]と述べており、このラジオ・ドラマにおいては全面的に擬音が使用されていたことが分かる。また、和田精はこの番組について「数個のマイクロフォンを使用し、パネルを握りつつ放送を指揮するのでなければ、完全な効果は得られるものではない」[185]と発言しており、複数のマイクによるミキシングが重要な効果を果たしていたようである。

1933年11月16日から24日にかけて、無線電信を発明したイタリアの発明家グリエルモ・マルコーニが来日した。1933年11月23日の新聞記事では「来朝中の無電王マルコニー侯爵が（略）奈良公園内公会堂で歓迎茶話会を催し、名物の鹿寄せを観覧に供するので、BKではこんど初めての試みである放送車によって現場に運ばれたマイクロホンから無電王が鹿寄せに興ずる実況を伝えることになった」[186]と報じられている。この「マルコニー公爵歓迎『鹿寄せ』実況」という番組で使用された「移動放送用自動車」は、「電力50乃至100ワット、周波数1,400、1,450、1,490キロサイクルの放送機を搭載せるもので侯はBKの依頼に依り之をマルコーニ号と命名した」[187]という。

そして、大阪中央放送局の局史には「以後マルコーニ号は、機動力を活かして各地にひんぱんに出向き、意欲的に新しい中継番組を送り続け、戦後も昭和23年（註・1948年）の福井大地震の現場中継など20年代（註・1945年～1954年）の半ばまで活躍した」[188]と記されている。こうして中継放送は移動放送用自動車の登場によって、さらに機動性を獲得するに到ったわけである。なお、奈良公園におけるマルコーニの挨拶は何らかのメディアによる録音が行われており、1937年7月25日に放送された「士気振興の夕」という番組では、1937年7月20日に逝去したマルコーニを追悼する「無電の父逝く」というコーナーにおいてその際の録音が紹介されている。

1 日本放送協会編『日本放送史』日本放送協会(1951年3月)527頁

2 無記名「霞ヶ浦着の光景を本国ドイツへ放送」『読売新聞』(1929年8月17日)7面

3 註1、529頁

4 並河亮『もうひとつの太平洋戦争』PHP研究所(1984年4月)30頁

5 読売新聞 昭和時代プロジェクト『昭和時代 戦前・戦中期』中央公論新社(2014年7月)153頁

6 註5、153〜154頁

7 日本放送協会編『ラジオ年鑑 昭和6年』誠文堂(1931年2月)230〜231頁

8 久保田万太郎、加藤末丸、徳川夢声、堀内敬三、矢部謙次郎、松内則三「愛宕山時代の思い出を語る」『放送文化』5巻3号(1950年3月)3頁

9 無記名「海軍條約枢府を通過し けふ御批准完了」『読売新聞』(1930年10月2日)2面

10 日本放送協会編『ラジオ年鑑 昭和7年』日本放送出版協会(1948年12月)24頁

11 無記名「軍縮記念の国際放送」『読売新聞』(1930年10月27日)4面

12 註1、486頁

13 註7、130頁

14 註10、484頁

15 註10、485頁

16 註10、486頁

17 日本放送協会技術研究所編『日本放送協会 放送研究所三十年史』日本放送協会(1961年8月)23〜24頁

18 日本放送協会編『ラジオ年鑑 昭和8年』日本放送出版協会(1933年10月)584頁

19 註17、17頁

20 千田是也「正字に結びついては芸に打ちこめぬ」『週刊NHK新聞』(1950年11月11日)3面

21 無記名「今夜のレヴューは擬音が主人公」『読売新聞』(1930年7月25日)5面

22 無記名「擬音レヴュー 夏八景」『読売新聞』(1930年7月25日)5面

23 註22に同じ。

24 註22に同じ。

25 南江治郎『放送文芸の研究』青郎社(1948年12月)75頁

26 伊馬春部、吉川義雄、近江浩一、江口高男「擬音余話」日本放送協会編『放送夜話 座談会に依る放送史』日本放送協会出版(1968年11月)100頁

27 註1、504頁

28 註1、504頁

29 江口高男「黄綬褒章を受賞して」『響』2号(1961年11月)4頁

30 註30に同じ。

31 無記名「時ならぬ爆音 放送『ノビレ少将遭難記』に愛宕山付近の騒ぎ」『東京朝日新聞』(1930年11月11日)7面

32 註7、197〜198頁

33 註7、197〜198頁

34 無記名「東西の名優が居乍らにして『吉例寿曽我』の掛合い」『読売新聞』(1931年1月1日)9面

35 註10、133頁

36 無記名「新しい音楽上の発明」『フィルハーモニーパンフレット』2巻1号(1928年1月)37頁

37 註36、37〜38頁

38 塩入亀輔「機械音楽の発達」『中央公論』43巻10号(1928年10月)179頁

39 註38、179〜180頁

40 Ferruccio Busoni、二見孝平訳『新音楽美学論』共益商社書店(1929年1月)62頁

41 註40、65頁

42 註40、66〜67頁

43 伊庭孝「マイクロフォン=パワー球=トーキー」『音楽世界』1巻11号(1929年11月)12頁

44 桂近乎「機械化は非芸術化か」『音楽世界』1巻11号(1929年11月)23頁

45 宮城道雄「創作琴八十絃に就いて」『三曲』9巻11号(1929年11月)14〜15頁

46 註45、15頁

47 吉川英史「現代邦楽の父 宮城道雄に及ぼした洋楽の影響」『武蔵野音楽大学研究紀要』6号(1972年12月)36頁

48 伊庭孝「日本音楽側面観」『三曲』10巻7号(1930年7月)12〜13頁

49 宮城道雄「創作八十絃と新年初頭の感想」『都山流楽報』248号(1930年1月)39〜40頁

50 註49、39頁

51 千葉潤之介『『作曲家』宮城道雄 伝統と革新のはざまで』音楽之友社(2000年11月)206頁

52 上参郷祐康「復原された『まぼろしの楽器』八十絃」『季刊邦楽』19号(1979年6月)51頁

53 土方與志『演出者の道』未来社(1969年1月)402頁

54 註53、103頁

55 高野武郎「発明された新楽器『マルテノ』を聴く」『月刊楽譜』19巻11号(1930年11月)70〜71頁

56 註55、70頁

57 清水與七郎「欧米視察談」『マツダ新報』17巻11号(1930年11月)16頁

58 無記名「手は触れぬのに見事な奏楽」『東京朝日新聞』(1931年1月23日)2面

59 無記名「尖端的機械音楽テレミン きのうAKで試演」『読売新聞』(1931年1月23日)7面

60 無記名「機械は人間を征服する 機械音楽テレミンの初放送」『読売新聞』(1931年2月13日)5面

61 無記名「セレミンとラジオの会」『マツダ新報』18巻4号(1931年4月17日)34頁

62 無記名「『音波ピアノ』発明家きょう横浜着」『東京朝日新聞』(1931年2月17日)2面

63 無記名「ラジオ伝用の新楽器 手を触れずに鳴り出す『テルミン』」『読売新聞』(1931年1月19日)7面

64 野村光一「『マルテノ』を試聴して」『東京日日新聞』(1931年2月22日)9面

65　堀内敬三「機械音楽の朝だ」『読売新聞』(1931年3月1日) 4面

66　増澤健美「新楽器マルテノを聴く 上」『時事新報』(1931年3月2日) 4面

67　塩入亀輔「テレミンとマルテノを聴き楽器としての将来性に就て」『音楽世界』3巻3号 (1931年3月)51頁

68　笈田光吉「新楽器『ル・マルテノ』を聴く」『月刊楽譜』20巻4号 (1931年四月)101頁

69　古澤匡市郎「最新の電気楽器『テルミン』及び『マルテーノ』を聴く」『無線と実験』15巻1号 (1931年四月)45頁

70　本居長世編『世界音楽全集 第24巻 日本童謡曲集Ⅱ』春秋社 (1931年5月) 月報『音楽春秋』5頁

71　杵屋佐吉「三味線音楽古今談」『話』1巻3号 (1933年6月)242頁

72　註71に同じ。

73　註71、242〜243頁

74　無記名「これは珍らしい音波三味線発明」『東京朝日新聞 夕刊)』(1931年3月4日)2面

75　無記名「世界的新楽器『咸絃』の発明」『大阪朝日新聞』(1931年3月4日)5面

76　無記名「胴が木張りの電気三味線」『東京日々新聞 夕刊』(1931年3月4日)5面

77　無記名「電気三味線の本家争い」『東京朝日新聞』(1931年3月13日)11面

78　註77に同じ。

79　註77に同じ。

80　註77に同じ。

81　無記名「現われたり本家の本家 その主は隠れたラジオ屋 喜劇化の電気三味線事件」『東京朝日新聞』(1931年3月15日)7面

82　無記名「電気三味線本家対決 漸く真相判明」『東京朝日新聞』(1931年3月15日)3面

83　無記名「咸絃の試演 三味とは別の味」『大阪朝日新聞』(1931年3月26日)2面

84　杵屋佐久吉『四世杵屋佐吉研究』糸遊書院 (1982年11月)268頁

85　山崎青雨『杵屋佐吉を語る』世田谷蝸房 (1937年8月)42頁

86　舞台『東西合同大歌舞伎』プログラム (1933年7月2日)

87　註86に同じ。

88　市川猿之助編『猿之助隨筆』日本書社 (1936年11月)147〜148頁

89　註88、148頁

90　濱地常康「私の名無し楽器に就て」『無線と実験』15巻1号 (1931年4月)48頁

91　無記名「『マルテノ』に劣らぬ新楽器我国にも生る」『読売新聞』(1931年3月4日)7面

92　諸井三郎「ラジオ・テレビによる新しい音楽の可能性」『放送文化』10巻11号 (1955年11月)10頁

93　岡田嘉義「講演部長としての山本勇先生」『薫風』山本勇先生の憶い出集刊行会 (1971年4月)109〜111頁

94　谷村功『電氣音樂理論』學藝社 (1934年12月)200頁

95　無記名「電子音樂」『科學雑誌』18巻2号 (1933年2月)

97頁

96　日本放送協会編『ラジオ年鑑 昭和7年』日本放送出版協会 (1932年3月)14頁

97　註96に同じ。

98　註96、15頁

99　註96、15頁

100　註96、15頁

101　註96、16頁

102　註7、129頁

103　註96、16頁

104　註96、18頁

105　註96、18頁

106　日本放送協会放送史編修室編『日本放送史 上巻』日本放送出版協会 (1965年1月)460頁

107　註1、579頁

108　塩沢茂『放送をつくった人たち』オリオン出版社 (1967年3月)43頁

109　中山龍次『欧米に於ける放送事業調査報告』日本放送協会関東支部 (1931年9月) 序1頁

110　註1、503頁

111　註1、503頁

112　無記名「名盤寸評」『読売新聞 夕刊』(1931年5月11日) 4面

113　註112に同じ。

114　無記名「擬音に本物の音を放送」『読売新聞』(1931年7月6日)7面

115　藤岡篤弘「日本映画興行史研究　1930年代における技術革新および近代化とフィルム・プレゼンテーション」http://www.cmn.hs.h.kyoto-u.ac.jp/CMN6/fujioka.html(2022年12月22日アクセス)

116　註106、212頁

117　無記名「天気晴朗なれど浪高し 日本海の海戦を追想す」『読売新聞』(1931年5月27日)10面

118　註1、513頁

119　註5、243頁

120　註1、415頁

121　無記名「愛国心と友情が醸し出す軍国劇」『読売新聞』(1932年2月19日)10面

122　無記名(喜)「藤蔭会」『東京朝日新聞』(1917年6月2日)7面

123　光吉夏彌『藤蔭会二十年史』藤蔭会 (1938年5月)7頁

124　藤間静枝「新らしい舞踊のモルモットとして」『演芸画報』9巻2号 (1922年2月)31頁

125　註123、23頁

126　註124に同じ

127　註124に同じ。

128　厨川蝶子「近頃流行の新日本舞踊」『婦人画報』210号 (1923年4月)94頁

129　無記名「勝本氏が心血に成った新舞踊『訶梨帝母』の公演」『東京朝日新聞』(1925年6月6日)7面

130　牛山充「藤蔭会春季公演」『東京朝日新聞』(1931年4

131 西宮安一郎編『藤蔭静樹 藤蔭会五十年史』カワイ楽譜（1965年9月）135頁

132 牛山充「藤蔭会公演」『東京朝日新聞』（1931年10月7日）5面

133 註123、59頁

134 註131に同じ。

135 永田龍雄「最近見た舞踊の印象記」『音楽世界』4巻2号（1932年2月）47頁

136 註131に同じ。

137 無記名「誰でも経験がある二十四時間の出来事」『読売新聞』（1932年1月16日）10面

138 註18、451頁

139 註137に同じ。

140 註137に同じ。

141 齋藤健二「ヒントを与えて呉れた吉原十二時と伯林交響楽」『読売新聞』（1932年1月16日）10面

142 註18、435頁

143 註20に同じ。

144 註18、47頁

145 註18、47～48頁

146 註18、48頁

147 無記名「イプセンとグリーグの傑作 ペール・ギュント」『読売新聞』（1932年9月17日）10面

148 註5、243頁

149 無記名「来る21日から4日間 毎朝ジュネーヴから中継」『東京朝日新聞』（1932年11月20日）8面

150 日本放送協会編『ラジオ年鑑 昭和9年』日本放送出版協会（1934年6月）6頁

151 註150、8頁

152 無記名「けさ佐藤全権の放送 AK録音成功」『東京朝日新聞 夕刊』（1932年11月23日）2面

153 日本放送協会編『ラジオ年鑑 昭和15年』日本放送出版協会（1940年1月）203頁

154 註106、249頁

155 無記名「ラジオをレコード『声』を盗む商売」『読売新聞』（1933年4月24日）7面

156 無記名「昭和8年ラジオ放送をレコードで発掘！ 音源公開！」https://www.nhk.or.jp/archives/hakkutsu/news/detail240.html（2022年12月22日アクセス）

157 竹内勉『民謡に生きる』ほるぷレコード（1974年12月）104頁

158 註150、35頁

159 註106、256頁

160 塩沢茂「人物でつづる放送史 13 ラジオ・ドラマと和田精氏 中」『東京新聞』（1965年2月25日）11面

161 辻好雄「BKの効果を探る ラジオドラマの進展と共に」NHK近畿本部芸能部編『BKドラマ年表 1期 大正14年～昭和20年』NHK近畿本部芸能部（1979年3月）148頁

162 奥屋熊郎「OBが語るBKのあゆみ」（1962年7月6日録音）

163 註161に同じ。

164 塩沢茂「人物でつづる放送史 14 ラジオ・ドラマと和田精氏 下」『東京新聞』（1965年2月26日）11面

165 註7、251～252頁

166 無記名「天神祭を中継してドラマの擬音に利用す」『読売新聞』（1931年7月24日）10面

167 奥平英雄「『マダムと女房』以後 日本トオキイ史の瞥見」『映画評論』12巻6号（1932年6月）62頁

168 註167、62、65頁

169 無記名「BK初の試み これは珍らしいトーキーの放送」『大阪朝日新聞』（1931年9月1日）8面

170 註1、513頁

171 註1、513頁

172 無記名「電波によって春の饗宴」『大阪朝日新聞』（1932年4月14日）8面

173 註18、142頁

174 無記名「管絃楽の伴奏で氏の朗読」『大阪朝日新聞』（1933年10月17日）14面

175 NHK大阪放送局70年史編集委員会編『こちらJOBK NHK大阪放送局70年』日本放送協会大阪放送局（1995年5月）67頁

176 無記名「管絃楽の伴奏で氏の朗読」『大阪朝日新聞』（1933年10月17日）14面

177 奥屋熊郎「『詩の朗読』放送覚え書 下」『放送』5巻11号（1935年11月）84頁

178 註177に同じ。

179 註25、82～83頁

180 日本放送協会編『ラジオ年鑑 昭和10年』日本放送出版協会（1935年5月）25頁

181 註180、26頁

182 奥屋熊郎「『詩の朗読』放送覚え書 上」『放送』5巻10号（1935年10月）122頁

183 和田精「放送に於けるミクシング」『放送』6巻6号（1936年6月）20頁

184 註161、149頁

185 註183に同じ。

186 無記名「無電王に鹿寄せの饗宴 放送自動車の初活躍」『大阪朝日新聞』（1933年11月23日）7面

187 註150、330頁

188 註175、61頁

HIP HOP Ⅱ

日本語ラップの成立と「一人称の文化」

韻踏み夫　久世

久世：今回の対談は「Web版　文学＋」さんの連載「耳ヲ貸スベキ！―日本語ラップ批評の論点―」をベースに日本語ラップの、また日本語ラップ批評の流れを振り返りつつ、ターニングポイントとなった具体的なその作品を適宜この「日本語ラップ名盤100」の方で見ていく形でお話ししていただきたいと思います。よろしくお願いいたします。

韻踏み夫：はい、よろしくお願いします。

久世：まずこのリードで書かれている部分として、やはり単純に日本語ラップ批評は書き手があまりいないし、書き手がいないということはつまり読者がいないんだということですが、実際に入りが日本語ラップだった僕の周りを見ても批評を読むような人とラップを聞く人はかなり離れていると思いますね。

韻踏み夫：そうなんですよね。

久世：僕もそういう意味で論理的なことをちゃんとやってる方との橋渡しができたらなぁと思ってUSヒップホップの和訳にちょっと掘り下げた解説をつけるみたいなことをしている部分もあるんですよね。

韻踏み夫：はい、そこは久世さんはすごいですよね。あそこまで海外のラップのリリックの内容と真面目に向き合ってる人は他にいないからお若いのにすごいなと思ってましたよ。

久世：とんでもないです。ありがとうございます。
でもやはりそういうアメリカの「ヒップホップ」と「日本語ラップ」はどうしても違いが出てくるわけで、日本でヒップホップをするにあたって文化系と不良系、サブカルチャーとポピュラーカルチャーのような対立の中で、"本場に認められる日本のヒップホップ実践"として「日本語ラップ」というジャンルが立ち上がったと。

韻踏み夫：はい。

久世：で、そこからいとうせいこうによる盗みを正当化するため論理としてヒップホップは「盗みの文化」だから俺たちも盗んでいい、アメリカのラップのリアリティがなくてもいいという動機があるわけですね。

韻踏み夫：事情はもう少し複雑で繊細です。彼自身インタビューで言ってますが、いとうせいこうはマルコムXなどの黒人運動の流れからパブリック・エナミーらが出てきたという歴史をものすごくよく理解していました。理解しているからこそ、日本人である自分が日本でヒップホップを実践することの意味を考えなくてはならず、そこで出てきたのが「盗みの文化」というテーゼだったと思います。このテーゼは当時の知的潮流であるポストモダニズムと関わっており、たとえば「オリジナル／コピーの二項対立を無効化するシミュラクルなんだ」みたいなことが盛んに言われたわけですね。ヒップホップとはまさにそのようなポストモダンな音楽なのであり、かつその理屈で日本でのヒップホップも正当化されうるわけです。

久世：なるほど。これが「日本語ラップ名盤100」の方でいとうせいこうの「MESS/AGE」はアメリカのゲットーの現実と日本社会の終末論的な想像力が重なり合おうとしていると指摘されていますが、それも正当化の論理ですよね。

韻踏み夫：まさにそうです。自らのラップ実践を正当化しようとしたということが大事です。いとうや宇多丸は、ヒップホップを愛

してしまったわけだけど、自分が実際にラップするというのはどういう意味を持つのかと考え、かつ言葉にしました。彼らは実践と理論の両方をやらなければならなかった。それはきわめて「批評的critical」な事態であり、そこに私が「日本語ラップ批評」と呼ぶものの萌芽があるのです。

久世：そういう意味では本当に出発点からちゃんと真面目ですよね。日本語の方は。

韻踏み夫：そうですね。素朴な言い方をすると、金にもならないのに、なんで俺はこんなことしてるんだ、みたいなところをすごく真面目に彼らは考えたわけで。

久世：もうそういう考えが巡ること自体が向こうのラッパーとはちょっと違いますよね。

韻踏み夫：確かにね。向こうはそれこそよく言われるけど、シンプルに妹の制服代稼ぐためにパーティーしようっていうのが始まりな訳で、自然に始まっちゃってるから別に正当化する必要がないですからね。
でもこれは大きい問題で、例えば文芸批評から僕は入っているけど、ヨーロッパで生まれた小説っていうものを日本語で書くっていうのはどういう意味かっていうのをそれこそ逍遥やら二葉亭四迷やら漱石やらはみんな考えてきたので、やっぱり小説もヒップホップも日本における輸入文化の一つではありますよね。

久世：そういう輸入文化に対する葛藤がここでは「一人称の文化」という理解につながっていくと。
この「一人称の文化」というのは引用部分に"無条件の感情移入を許さない"と書いてらっしゃいますけど、強い一人称が他の一人称を喚起させるような力学で動いているという風に解釈したんですよね。

韻踏み夫：宇多丸は、いとうが「盗みの文化」と言った近田春夫との対談（「日本語でやるならラップっきゃない！」、『ミュージック・マガジン』1987年1月号）に強く影響を受けたと言っています。しかし、90年代当時には宇多丸はハードコア側についていましたから、いとうらを乗り越えなくてはならなくなったのだと思います。そこで出てきたのが「一人称の文化」というテーゼなのではないか、というのが僕の読みです。

久世：はい、なるほど。

韻踏み夫：「一人称の文化」についてさっきあげてもらったように"感情移入を許さない"ってことはまず最初に日本とアメリカで断絶があるということを認めるわけです。簡単にいうと日本人には黒人のことが分からないというようなことですね。
しかし、アフリカン・アメリカンの「一人称」を歌うヒップホップを聞いて、なぜか日本人の宇多丸にB-BOYイズムが芽生えてしまった。それを理論化したのが「一人称の文化」だと思います。

久世：そういうことですよね。そこでやっぱり実際に射程が広いのもこの「一人称の文化」になっていくんですよね。

韻踏み夫：そうですね。
僕は今の日本語ラップシーンも「一人称の文化」の論理で動いていると思っています。
いとうや近田からスチャダラパーへという流れもあったけど、さんピンCAMPがやはり「日本語ラップシーン」の誕生だったわけで、今のシーンもそれと地続きです。そのさんピン的なものを支えていた理論が宇多丸の「一人称の文化」というテーゼだったわけで、だからこれは日本語ラップというジャンルそのもののエンジンのような思想なのです。

久世：で、その一人称が他の一人称を喚起させるような、ここで逆説的な共同性の源泉とおっしゃてるようなヒップホップ理解がリズムやグルーヴ等の音楽的な部分にも開かれているということを第二回で論じてらっしゃいますね。

韻踏み夫：はい。第一回は歴史編のような感じで、参照したのは磯部涼さんのお仕事でした。宇多丸の「批評家」としての側面に光を当て、その重要性を指摘したのは磯部さんでした。それで第二回は理論編のような感じで、「一人称の文化」を美学や芸術論に引き付けて考えようとしました。

久世：はい。

韻踏み夫：佐藤雄一さんという詩人の方が昔「絶対的にHIP HOPであらねばならない」（『現代詩手帖』、2012〜2014年）という連載をされていて、そこでヒップホップにリズム論の詩学、哲学を導入した。それで、僕は佐藤さんはそこで宇多丸の「一人称の文化」ととても似ていることを言っているなと思った。私（一人称）があなたを触発するのがヒップホップだ、というビジョンです。

久世：その「絶対的にHIP HOPであらねばならない」という連載がやっぱり韻踏み夫さんにとってはもう一番の、というかそれこそ絶対的な影響を受けたものだったんですか？

韻踏み夫：そうですね、僕が日本語ラップを論じるうえで最大の影響を受けているのは佐藤さんと磯部さんです。
僕は佐藤さんの連載はリアルタイムでは高校生ぐらいなのですが、上の世代の人に聞くと、これが始まる以前は「ヒップホップと現代思想や文学を同列に語るなんて！」というような雰囲気だったそうです。それを佐藤さんは打ち破ったわけです。僕も最初出てきたときは磯部さんに、ポスト佐藤雄一だ、みたいなことを言われました。

久世：なるほど。その具体的な内容として広義の押韻性というかイズムがどう一人称を触発させるかということを色々な論点から独自に論じてらっしゃいますね。

韻踏み夫：ここで引用した平倉圭『かたちは思考する』（東京大学出版会、二〇一九年）によると、韻とはあらゆる芸術に通底する論理です。ならば、韻がきわめて重要なヒップホップにこそ、この理論を当てはめて考えるべきだろう、と。韻というのは二つのものの出会いで、そこで何かが起こる。平倉の言葉では「モワレ」と呼ばれます。
宇多丸がヒップホップを聞いて、黒人と日本人が出会い、モワレが起きたわけで、そのモワレが日本語ラップと呼ばれるものだ、というのが基本的な発想です。

久世：なるほど。そういう美学的な理解が音楽論まで開いていくと。

韻踏み夫：佐藤さんは、アンリ・メショニックというフランスの詩学者を援用していますが、僕はヴァレリーやなんかも使ってみました。
「リズム」が「イズム」を、スタイルを作るというのがここでの基本的なリズム論の発想ですが、それが次々に連鎖していくわけです。チャールズ・カイルという優れたグルーヴ論を書いた民族音楽学者には「参与的不一致」というきわめて魅力的な概念があり、それによると、グルーヴとはリズムがズレをはらみながら増幅されてゆく過程です。これは実際の音楽の演奏の場面から導かれているけど、ヒップホップ共同体もまさにそのようにして成長してきたのではないか、と思います。

久世：なんというか方法としては同一だけどやっぱりそれぞれ異なる位置が相互に作用して広がっていくわけですよね。

韻踏み夫：そうですね。それぞれがどんどん差異化しながら、絶対的な単独性として現れながら、つまりそれぞれのリズムとリズムの間のズレによってどんどんグルーヴが深まっていく。それはブラックミュージック、ジャズとかファンクとかを聞いたことのある人だったらものすごく身体感覚として分かる話だと思います。
ヒップホップはコンペティションの文化だと言いますが、まさにそういうことです。ファンカデリックに「One Nation Under A Groove」という有名な曲がありますが、一つのグルーヴに支えられ、個々が差異化し競争し触発し合う共同体がヒップホップ・ネーションだろう、と。

久世:なるほど。最後にそのような映画のワンシーンも引用されてますね。

韻踏み夫:はい。まぁ「B-BOYイズム」の元ネタですけど映画の「フラッシュダンス」のそのシーンはまさにそういうものの縮図のようだなぁと。
ここに書いたように少年がいきなり踊り出したら周りの白人とか黒人とかが混ざり合いながら、みんな手拍子しながらどんどん乗ってきて群衆というか人だかりができるみたいなシーンで、それがまさに宇多丸が夢見た日本語ラップだし、グルーヴ論的な共同体って僕が呼ぼうとしているようなものを可視化したものだなっていうことで引用してますね。

久世:はい。でもそこからで「一人称の文化」がその実際の関わり合いの中で、日本で日本人であることを誇るみたいな、マジョリティ性をアイデンティティとしてしまうような政治性が結果としてナショナリズムとして見られるようになってしまったんですよね。

韻踏み夫:それを論じたのが第三回です。当時『朝日新聞』が日本語ラップは右傾化だ、というような記事を出し、宇多丸はそれに激怒して質問状を送り付けたりね(笑)。ともかくこの時期に日本語ラップについて議論が起こって色んな人が意見を残しています。かつて日本でもヒップホップは、ロックに代わる新しいカウンターカルチャーとして、知識人たちからもある種の期待を寄せられていた部分があった。しかし、キングギドラなどを見てみるとどうにも右傾化しているぞ、と。そして「一人称の文化」というテーゼが日本語ラップそのものを支えている以上、それが右傾化の論理といかなる関係にあるのかを明らかにしなくてはならなくなった。それがこの回ですね。

久世:そういう意味ではこの"日本語ラップの担い手の多くが、中産階級以上の、男性、異性愛者である"こともそうですけど、そもそものヒップホップもこの時点でカウンターカルチャーの夢は燃え尽きてますよね。
ヒップホップは階級闘争であってみんな金持ちになりたいみたいなそういう話で、階級を無くすこと、共産主義とか社会主義的な志向はあんまりなかったですし。

韻踏み夫:ブラック・ナショナリストは別として、左派ラディカルとしてラップしていたのは、パブリック・エナミー、パリス、デッド・プレズあたりでしょうか。
しかし、日本で90年代後半からゼロ年代前半に、ヒップホップはカウンターカルチャーか、という議論が起こったけど、それは実はアメリカも同じです。つまり、ギャングスタラップの隆盛以降、またパフ・ダディらのメジャー化路線以降、ヒップホップは性差別的で、親資本主義的であるのではないか、というような議論が起こりました。日本語ラップの右傾化問題を考えるときには、このような同時代性も視野に入れておくべきだと思います。

久世:そうですね。ここでまたあの「MESS/AGE」やスチャダラパーが例示されていますが、そうではないオーセンティックなヒップホップを輸入することの困難がここに現れてるわけですね。
ここでいう極私的な個を語るか、日本における「日本のヒップホップ」というジャンルの立ち位置をアメリカにおける黒人と重ね合わせるかといったところで。

韻踏み夫:引用している佐々木敦「微かな「抵抗」としてのヒップホップ」(『ソフトアンドハード』、2005年、太田出版)の記述ですね。これは当時の右傾化問題の整理として最も鮮やかで優れたものです。日本語ラップがどこでどう間違えたのかを、簡潔に記しています。

久世:そうですね。でもやっぱり問題を捻出するけどまぁ中産階級、男性、異性愛者だったらアイデンティティとしての問題は無いわけですもんね。

韻踏み夫:当時日本語ラップに向けられた言葉で言えば「空虚」ということですね。真に戦うべきものが見つからないので、それを

捏造してしまった結果右傾化した、というのが佐々木の見立てです。

久世：そういう想像力は陰謀論とかそういうふうにも向きうる感じですよね。

韻踏み夫：そうですね。その辺も念頭に置きつつ考えなきゃですね。

久世：ちょっと戻りますけどやっぱり"「社会化」されえない私小説的な方法"として「日本語ラップ名盤100」の方ではキミドリをあげてらっしゃったんですけど、その社会に個を先立たせるというかロマン主義的なラップを日本語ラップにおけるエモラップの萌芽として見てらっしゃる感じですよね。

韻踏み夫：そうですね。まさにそこと関係している話で、一方ではキミドリみたいなスタイルがあって、あるいはスチャダラパーも同じようにそういうベタな政治とかを歌わない、ある種サブカルっぽいひねくれた態度みたいなのを打ち出していったけどそれはそれで政治性がないじゃないかということでキングギドラたちが出てきたと。
でもその政治をやろうとする心意気はもちろん偉いんだけどやったらなんか大失敗しちゃったという…。

久世：ですね…。

韻踏み夫：だからどっちに行ってもみんな失敗しちゃうみたいな感じである種すごく行き詰まってた時代だと思うんですよね。これはある種、近代文学における「近代的自我の確立」のような問題とも似ていると思っています。文学では、日本はヨーロッパに対し遅れていて、真の近代を体験しておらず、ゆえに主体も未熟だ、というようなことが議論されていました。日本語ラップの困難もそれと似ていて、小林秀雄風に言えば、日本語ラップの主体は「社会化」されていなかったわけです。

久世：でもそういう困難を乗り越えられない中、批判的な意見が多く集まったところで磯部涼さんの「Grateful Days」解釈を用いた反論がなされるわけですね。

韻踏み夫：はい、磯部さんの「Grateful Days」の読解は天才的でかつ実証的です。「Grateful Days」は先の『朝日新聞』にやり玉に挙げられた曲で、実際家族主義、家父長制的な歌詞が出てきます。しかし、その後の歴史を見てみると、この曲がヒットし、Zeebraがヤンキー層と日本語ラップを接続したからこそ、マイナーで多様な主体が参入できるようになり、そこで日本語ラップの行き詰まりが打破されたわけです。右か左かというような単純な論理では導き出しえない逆説を磯部さんは見抜いています。

久世：なるほど、ちょっとズレるかもなんですが素朴な疑問としてZeebraってなんでヤンキーというか悪になったんですかね？あんなに良い家で…。

韻踏み夫：まぁ自伝とかを読むと中学生ぐらいからクラブとかで遊ぶようなある種マセたおしゃれなボンボンという感じで、チーマー文化の一番下の世代みたいなところらしいですが。これも磯部さんが言ってますが、90年代まではやはり、ヒップホップはある程度文化資本が高くないとアクセスすらできなかった。そうではない大衆的な層に日本語ラップを届けたのはやはりZeebraの功績なのでしょうね。

久世：なるほど。で、それがちゃんと、というか階級的に恵まれないANARCHYに届いて今日ではBAD HOPに、と流れていくと。

韻踏み夫：はい。やっぱりZeebraの影響はものすごく強いですからね。

久世：そういうZeebraの影響力によってマイノリティというか、ここでは階級的に恵まれない人たちが参与していくことでリベラルにも開かれていくということですよね。

韻踏み夫：そうですね。つまり整理するとこういうことです。キングギドラたちが政治的なものを歌おうとした心意気は素晴らしい。しかし、彼らの「主体」的な地位はマジョリティであり、その「メッセージ」を支える社会的土台が脆弱だった。「主体」と「メッセージ」の間で摩擦が起きていて、それが右傾化として表れたのです。

しかし同時に、その右傾化によって、逆説的にも、マイナーな「主体」へと日本語ラップが届いたのです。どんどん、より貧しい者、より抑圧された者たちがヒップホップに参入できるようになっていく。これが「一人称の文化」の政治的な帰結です。

久世：はい、なるほど。そしてここで外山恒一の名前が…。

韻踏み夫：ですね。外山のこの文章（「外山恒一「Dragon Ash　彼らが叫ぶ「共闘」という言葉に宿る"世紀末的風景"」」、『音楽誌が書かない「Jポップ」批評2』, 宝島社, 1999年）自体多分日本語ラップ批評をやってる人でもほとんど誰も読んでない忘れ去られたやつだと思うんだけど。

久世：そうですよね。ヒップホップの文脈で名前を目にすることはまず無い気がします。

韻踏み夫：外山とヒップホップの接点という意味でも面白いんだけど、大事なのは内容で、素晴らしいことが書かれています。これまで右傾化が問題だということを前提に話を進めてきたけど、本当にそうなのか、ということを外山は言おうとしている。むしろ、右傾化を批判しているリベラルの方こそより大きな問題を抱えているのではないか、と。日本語ラップの右傾化についての議論を根底から覆すような鋭い視点です。

久世：確かにそうですね。で、この今ある"リベラルがサブカル的態度を捨ててベタな政治性を厭わなくなった"現状がキングギドラも外山の批判も肯定しうると。

韻踏み夫：リベラルのキングギドラ、ドラゴンアッシュ批判を支えている根拠である「全共闘コンプレックス」への批判ですね。そうしたコンプレックスを抱いていなかったという点においては、キングギドラを政治的に評価しうるわけです。これは、リベラルには考え付き得ない発想で、さすが革命家といったところです。このようなラディカルな立場からの議論を、日本語ラップ批評も取り入れるべきだと思います。

久世：はい、そこももっともだと思います。でもそのラディカリズムに対してはいわゆるその全共闘コンプレックスによって批判的に見られてるのが当時の日本なんですよね。

韻踏み夫：いとうせいこうや近田春夫はまさに、全共闘や68年を知っているがゆえにこそ、それを抑圧し、サブカル的な態度を取っていた。これはある意味では日本特殊的です。アメリカのラッパーが、マルコムXやキング牧師、ブラックパンサー党からの影響を恥ずかしがって隠すようなものだからです。そんなのはきわめて考えづらいことです。そのような痛い点を外山は鋭く突いている。

久世：なるほど。まぁやっぱりその方向性がどうにしろちゃんと政治性を引き受けてるから、革命のポテンシャルが残ってるから偉い、というところですよね。簡単に言っちゃうと（笑）。

韻踏み夫：まぁ簡単に言うとそうですね。

久世：ここでは具体的にRun-DMCやJames Brownのリリックをあげてらっしゃいますが、ここで言うブラックという主体がマイノリティ性だっただけというか、マイノリティ性だったことによってちゃんとした政治性になったわけですよね。アメリカでは。

韻踏み夫：そうですそうです。

久世：で、さっきおっしゃったように主体、「どの口が」の部分がマジョリティ性であるかマイノリティ性であるかだけで全然違う結果になっちゃったという…。

韻踏み夫：そうです。これは「翻訳」の問題です。Kダブシャインの「自分が自分であることを誇る」（「ラストエンペラー」）というパンチラインは、当時、「ベタな自分語り（笑）」のような形で嘲笑されていました。そういう「ベタさ」が右傾化に繋がったのであり、それなら「軽薄」な脱政治性の方がよい、というのがリベラルの一般的な感覚でした。そしてそれはきわめて欺瞞的だと、外山が暴いてみせたわけです。

このとき、Kダブは「自分が自分であることを誇る」はJames Brownの真似だったと言っています（Kダブシャイン・小林雅明・佐藤雄一「絶対的にHIP HOPであらねばならない」、『現代詩手帖』、2014年10月号）。つまり、ブラックパワー運動のアンセムであった「Say It Loud – I'm Black and I'm Proud」を日本に置き換えたのがその歌詞なのだ、と。これは両義的です。たしかにその「誤訳」が、反動的なナショナリズムを準備したけれど、逆に言うとこの「一人称」を主張する歴史的なパンチラインには、68年の活気が実は込められてもいるわけですから。そして、そのポジティブな側面を救い出したかったわけです。

久世：なるほど。実際それがさっきおっしゃったようにマイナーな主体の登場によって革命に振れる可能性が大きくなってきているのも今なわけで。

韻踏み夫：そうです、ANARCHYの「ゲットー」、SEEDAの「ハスラー」、COMA-CHIの「B-GIRL」のような。あるいはいまでいえば、BAD HOPの「川崎」、Moment Joonの「移民」、Awochの「沖縄」もそうです。だからやはり、「一人称の文化」という理論は今も有効な形でその影響を保持し続けていると思います。

久世：なるほど。Moment Joonをあげてらっしゃるのは反日というラディカリズムというか…。

韻踏み夫：そうですね。「反日」はいまや右翼が左翼を貶す言葉ですが、もとは左翼自身が「反日」を自称していました。東アジア反日武装戦線ですね。そしてそれをもとにしたA-Musik「反日ラップ」という曲が、84年というきわめて早い時期に出されている。このようなラディカルな政治性の系譜を「日本語ラップ」というナショナリスティックな響きのジャンル名にぶつけてみたかったし、実際Momentの意義はそのようなものだったと思うのです。

久世：そこから具体的にそのマイノリティ性の、例えばつやちゃんさんの仕事にも触れながらヒップホップ・フェミニズムについての記述をなさってるわけですね。

韻踏み夫：第四回ですね。まずは、「ホモ・ホップ」というのがあったんだという話をしておきたかったですね。ヒップホップのホモフォビアを批判する人はたくさんいるけど、この「ホモ・ホップ」という2000年前後くらいの時期の同性愛者によるヒップホップ・ムーヴメントについて、日本ではあまりに無視されすぎているなと感じていました。

久世：はい、なるほど。黒人内のマイノリティ性、あるいは階級的弱者の中のアイデンティティ的弱者みたいな問題は難しいですよね。ヒップホップのミソジニーに対してどうこう言うのは実際可能なのかみたいなところは大きくありますよね。

韻踏み夫：これはたとえば、ブラック・フェミニズムでも似たことが議論されましたよね。黒人内の性差別を告発したのはいいが、黒人男性対黒人女性の分裂を白人が利用する、というような最悪のパターンがありそれを同時に防がなくてはならず、黒人女性からの黒人男性への批判は難しい面があった。瀬戸夏子の言う「薄皮一枚の肯定」という感覚とも言えます。

こうした「インターセクショナル」な繊細さが、アメリカのヒップホップにおける議論ではある程度共有されていたとは思いますが、とりわけ#Metoo以後の日本の議論では忘れられているのではないかと感じます。

久世：そうですよね。本当に例えばゲットーと呼ばれるようなところに住んでいる人たちに女性を抑圧するな、みたいな言い方を

するのは心理的にも難しいなぁと。

韻踏み夫：難しい問題ですが、たとえばゲットーから出てきたラッパーに対して、学者や院生のようなフェミニストが一方的に性差別を糾弾する、というような場面に出くわすと、さすがに自らの知識人としての権威性に無自覚なのではないかと思うことはありますね。

久世：はい。それも本当におっしゃる通りだと思います。

韻踏み夫：ポリティカル・コレクトネスすら学べないようなリアリティがある、ということは最低限踏まえたうえで、ヒップホップの性差別を批判しなくてはならない、というバランスが必要かなと。

久世：そうですね。そういう階級とアイデンティティはやっぱり両軸で考えないといけないなと常々思います。
個人的にも長野の田舎出身で母子家庭で団地の子たちと遊んでてみたいなところにリアリティがあるからこそなんとも言えないなというところもありますし、そういう不可能性を口に出すことも道徳的優位性を見せつけてるような後ろめたさもあって二重でなんとも言えないんですよね…。

韻踏み夫：うん、本当に難しいところですよね。
あとやっぱりヒップホップが性差別的だっていう議論はもちろん大事なんだけれども、それを言うことで、昔から、初期からずっと活躍してきた女性もいたんだよっていうことを隠してしまうような機能もある気がしてて、ヒップホップは性差別的男性中心的だって言うけど、同時にその時代には女性達もいたわけだから、やっぱりそこに光を当てるっていう意味でもやっぱりつやちゃんさんの本はものすごく大事なことだったなと思いますね。

久世：それもそうですね。そういう意味ではここでも言われているタッカーは本当にヒップホップの文脈では色んなところに出てきますけど、彼女はラッパーの自己破滅的というかその過剰なペルソナは本当はそうじゃないんだよ、黒人はもっとこう慈愛に溢れてて、みたいなことを言って批判したわけですが…。

韻踏み夫：C・デロリス・タッカーという活動家の話ですね。

久世：はい、そういう本質主義やら弱者の神聖化によって色んなコンテクストが不可視化されることもありますよね。

韻踏み夫：タッカーについては、2パックが曲でディスったりしてて、もちろん2パックにも性差別的なところはあったと思うから微妙だけれど、心情としてはよくわかる。さすがに、明確な権力の側に立ったフェミニズムについては擁護しえない。そして重要なのは、タッカー個人がどうという以上に、タッカー的なものは何度も回帰してくるということであり、日本語ラップについてのフェミニズム言説がそうならないように、僕は書き記しておきました。

久世：はい。そこで通俗性という概念を導入する必要があると。

韻踏み夫：ここで触れたトリーシャ・ローズやジョーン・モーガンという、ヒップホップ・フェミニストたちは、第三波フェミニズムの流れと連動し、上の世代のフェミニズムを批判することから始めています。明示的ではないのですが、明らかに彼女たちはタッカーの失敗を踏まえ、それを乗り越えるフェミニズムでヒップホップを批評しようとした。この歴史性はきわめて重要であるにもかかわらず、日本ではあまり理解されていない。それで、ヒップホップ・フェミニズムの議論を唯一理解していた人が新田啓子で、その論考「女語りの迷宮」(『現代思想』2001年5月号, 青土社)で提起されたのが「通俗性」という問題です。

久世：なるほど。

韻踏み夫：これも多分忘れ去られていた論文で、つやちゃんさんとか赤井浩太さんとかはこれを見て慌てて読んだと言ってましたね（笑）。

久世：そうなんですね（笑）。本当にもう極端に言えばこの連載であげられているものを一つずつ押さえていけば全然日本語ラップ批評に乗り出せるような感じですよね。

（…）に使って欲しいところはあるしね。

（…）機部さんとか先輩に遊んでもらってた。それで思ったのは、彼らは全部をリアルタイムで見て（…）はない。それで、上の世代の蓄積を僕が引き受けて、僕よりさらに下の世代に残しておいて、（…）るところがある。実際、この連載で触れた参考文献全部読んだら、日本語ラップ批評の基礎が

（…）か第一線でやってらっしゃる方でも読んでないような文献も導入されてるわけですもんね（笑）。

韻踏み夫：そうですね（笑）。

久世：で、ここでいうその前衛性と通俗性とをしっかり両立しないとタッカーと同じような道を辿ることになるというご指摘ですね。こうラディカルな政治的革新としての前衛性のために、むしろ不可避の規範意識というか、いわゆる通俗性、"取るに足りないものとして軽視されている芸術的マイナー性"を捨ててはならないと。

韻踏み夫：そうですね、政治運動はなんでも、ガチガチに硬直してしまう危うさがある。たとえば最悪の例の一つは連合赤軍でしょう。少しの違いでリンチして、殺すところまで行く。だから、前衛性を解きほぐすような通俗性を考えなくてはならない。その両方が必要です。

久世：はい。で、その新田さんも「私語り」から"逆説的な公共空間が構築される"とおっしゃっているわけですね。

韻踏み夫：そうですね。この新田さんが言ってることは今まで見てきた「一人称の文化」と
ものすごく通じ合ってるところがあるなって気づいたので、「一人称の文化」というのはフェミニズムの論理にも使えるやつなんだよっていうことで。

久世：なるほど。やっぱりここもその一人称が他の一人称を喚起してマイノリティも関与してっていうふうに広がっていく中に革命の可能性があって、それはブラックパンサー党もそういう形だったんですね。

韻踏み夫：そうですね。ブラックパンサー党は、ヒップホップについての政治的な議論をすべて先取りして体験していたようなところがある。僕にとって、パンサーはすべてのモデルです。
たとえば、ヒップホップの男性中心主義が批判されるように、当時ブラックパワー運動も性差別を批判された。このとき、パンサーのリーダー、ヒューイ・ニュートンはフェミニズムとゲイ・リベレーションとの連帯を党内に訴えました。その時期に革命組織が同性愛運動を支持するというのは、世界史的に見てもきわめて先駆的だったと評価されています。そうしたところを、ヒップホップも見習わなくちゃいけない。

久世：そうですね。あとなんというか結局ヒップホップそれ自体が政治性という意味ではない、実際的な政治的連帯を作らなかったというのはなぜなんだろうと思うところもあるんですが、その辺りはどうですかね？

韻踏み夫：そうですね、そのあたりは細かくUSのリリックを追ってる久
プのアクチュアリティとポテンシャリティという区別を書いたことがあ
りアクチュアリティの部分では、政治的なのはほとんどないですよね。だい
深いところまで掘ったポテンシャルの部分では、ヒップホップはやはりきれ
ヴィスという革命家はこう言っています。「不幸にしていま麻薬の犠牲になっ
れば〈ブラック・パンサー〉に惹きつけられていた人が大勢いたはずです。だから
が社会のなかにある自己破壊的なものに近づかないようにするための組織体の
（ローレン・ケスラー『アメリカの40代』、1994年、晶文社）。このような問題意識か

久世：なるほど。やっぱりそういうブラックパンサー党が過去にあって、ネーショ
ころで独自の政治的連帯が作られなかったっていうのもあるんですかね。

韻踏み夫：そうですね。なぜこのブラックパワー運動が失敗したかって言うのは色
たというのは最大の要因だとは思うけど。
でも別にそれが潰えたのは黒人運動だけではなくて、アメリカもフランスも日本も
今はその６８年的なものが終わった時代に生きてて、僕らは多分次のそういう世界
時代には来てると思ってて、そういうふうに考えるとやっぱり６８年当時はロックが
たいな事態が起きるとしたらやっぱりヒップホップが革命のサウンドトラックのよ
ありますね。

久世：はい。ジェフ・チャンとかもその全てが政治的ってわけじゃないけどヒップホップは特定の政治的文脈から生まれてきたん
だみたいなことを主張してますよね。

韻踏み夫：はい、まさに。パンサーからギャングを経てヒップホップへ、という歴史観ですね。このことをうるさく言っているのは
日本で僕くらいだけど、これは世界の左翼がヒップホップを聞くときの共通認識だと思う。

久世：そうですね。やっぱりポストカウンターカルチャー、ポスト政治運動というところで見るのが向こうでも主流なわけですね。

韻踏み夫：革命の廃墟に生まれたのがヒップホップなのだ、と。だから、ラッパーが直接的に政治的なメッセージを歌っているかど
うかというのは二次的な問題です。ヒップホップという音楽自体が、「革命のあと」という歴史性を背負っているわけですから。

久世：はい、そうですね。そのディスクガイドとかからちゃんと歌詞を全部見通した時にやっぱり実際に政治的メッセージを歌っ
てる人はさほど多くはないですし。

韻踏み夫：そうですね。政治性というのは内容だけの問題ではなく、形式の問題でもある。たとえば、大和田俊之、磯部涼、吉田雅史
『ラップは何を映しているのか』（毎日新聞出版、2017年）ではケンドリック・ラマーとミーゴスという対比がなされています。ケン
ドリックは政治的なメッセージを歌うけど、ミーゴスはそうではない。しかしながら、僕から言わせてもらうと、ミーゴスのあの革
新的でスタイリッシュなラップの発明から、政治的な事柄を学ばなくてはならない。

久世：はい、なるほど。ここではアイスTが例示されていますが、反倫理的、反革新的なギャングスタ・ラップの中でもその可能性が
あるわけですね。

韻踏み夫：アイスTという、性差別的な音楽であるギャングスタラップのレジェンドは、しかしながらクィア・ネイションという団
体のデモを見て、「あれは過激で素晴らしいじゃないか」というような感じで思わず引き付けられて、それに加わってしまうわけで

すね。これはパンサーがゲイ解放戦線と連帯しようとしたのを思い出させる、きわめて重要なエピソードだと思います。僕が革命的だなと思うのはこういう瞬間です。

（中略）というふうに、そういう話はリアール云々様式としての政治性を備えたしかもしれないですね。

（中略）していたりする点でもあります。久世さんはそれを具体的な現行のヒップホップを相手に取り組もうとしているのが素晴らしいと思いましたよ。

久世: ありがとうございます。

韻踏み夫: やっぱりエモラップとかと同世代の人が書いてるな、という感じでニヒリズムとかをやっぱ乗り越えなきゃいけないって思って書いてるんだろうけど、それに飲み込まれそうな感覚までわかった上で書いてるなと伝わってきて、やっぱり新世代感のある文章だと感じました。

久世: そうですね。正直僕自身の立場としては革命自体をあまり信じられてはいなくて…。

韻踏み夫: なるほど。それはこうリアリティとして持ってないというか革命って言われても…というところなんですかね？

久世: そうですね。実際想像しうる革命は政権交代までですかね（笑）。
そういう革命が起こらない中で出来るだけ希望を見いだしながらやっていこうみたいな。
社会に対する希望という意味の革命はまぁ来ないだろうなと思うこと自体はもうニヒリズムだとさえ思ってないですし、社会は悪くなるだろうという中で僕も他の人も生きていかなきゃなんで他者に対する想像力をも捨て去るような、ラディカルに諦めるようなニヒリズムに走らなければ多少物事良くなるんじゃないかなというところですかね。

韻踏み夫: でもその感覚はものすごくヒップホップと連動してる感覚だと思うから、その感覚は大事にして行った方がいいなとかちょっと先輩風を吹かすわけじゃないけど勝手にそう思いました。感心しました（笑）。

久世: ありがとうございます（笑）
でも韻踏み夫さんご自身の立場としてはちゃんと革命をありうるものとしてというか革命ありきで物事を考えてらっしゃるわけですよね？

韻踏み夫: そうですね。もちろん、久世さんのように、革命と言われても想像できないというリアリティもよくわかる。でも、たとえば議論がおこなわれる言説空間に「革命」の一語が存在するかしないかの違いはきわめて大きいと思う。たとえば、赤井浩太、小峰

韻踏み夫：なるほどね。杉田さんはロスジェネ世代で山上と同世代の観点から言ってますからね。ただし、彼のやったことは許されないことだ、と自分たちの側から山上を都合よく切り離そうとしていたリベラルに対しては僕はきわめて不満でした。原稿でも書いたけど、彼は私たちの一員だ、という意識を持たなくてはならないと思います。

久世：はい、僕もそう思いますね。で連載の方に戻ると第5回は大枠ヒップホップとポストモダニズムについてですよね。ヒップホップではここにも書かれているようにサンプリングとかその方法にポストモダン性を見るような議論も沢山ありますが…。

韻踏み夫：日本語ラップとポストモダニズムというのは少し複雑なところがあります。たとえば磯部さんは、CRAZY-Aらホコ天派と、いとうせいこうらメジャー・フォース派の違いをファンダメンタリズムとポストモダニズムと区別しています。しかし、CRAZY-Aからさんピン派に至る系譜も、ヒップホップ自体がポストモダンの音楽なのだから、彼らもポストモダニストだとする視点を忘れてはなりません。ハードコアで不良なポストモダンも存在する、という感覚が、うまく理解されていないと思う時があり、そういうのも含めて、一度ここで振り返っておこう、と。

久世：なるほど。ここでは"猥褻を極める"と書いてありますが、そういう当事者主義、文化盗用問題についても再考すべき、というところなんですね。

韻踏み夫：まぁ難しい問題ではありますけどね。

久世：その今で言うポストモダニズムは正直そういう文化左翼批判というかアイデンティティ・ポリティクス批判の文脈で標的にされてるイメージがかなりありますもんね。

韻踏み夫：僕はそういう俗流ポストモダニズムおよび俗流ポストモダニズム批判には興味がありませんね。どちらもくだらない議論です。本来、ポスト構造主義、ポストモダニズム等々と呼ばれる思想は、もともと「六八年の思想」としてあったものであって、政治とは不可分だとはしばしば指摘されます。

久世：はいはい、なるほど。

韻踏み夫：ブラック・ジャーナリズムの可能性についてはしばしば議論されてきました。もちろんそれは有効な抵抗の手段ですが、谷底に中略＜判読不能＞

久世：なるほど。ここでは浅田彰や柄谷等日本の文脈にも触れてらっしゃいますが…

韻踏み夫：つまり、六八年の失敗のあと、八十年代に、脱政治的で軽やかな知的風潮というのが出てくるのは、アフリカン・アメリカンでも、日本人でも同じだった、ということです。前衛主義的な硬直性への反省ですね。それが日本では「ニューアカ」「サブカル」といった形を取り、あっちでは「ポスト・ソウル」だった。

久世：そうですね。ただやっぱりポストモダニズム的な批判自体がもっとラディカルになってしまっているというか、動物倫理の基準が恣意的だとか、科学は西洋の白人中心主義的価値観だから土台からバラして考えろみたいな行き過ぎた相対主義みたいなところも個人的には多少目についたりもするんですが…

韻踏み夫：そういうあまりにレベルの低いバカについては僕は興味がなく、無視しておけばいいと思っている。

久世：そうですね（笑）。僕もやっぱり今はすごく大文字のポストモダンで批判されてるなとは思ったりしますね。

韻踏み夫：話を戻すと、それでヒューストン・A・ベイカーやヘンリー・ルイス・ゲイツ・ジュニアといった学者たちがいて、彼らは現代思想もバリバリ読んでいて、黒人批評のなかにそうしたエッセンスを取り込もうとしていました。そしてそれがヒップホップ批評の誕生自体と同時だった。

久世：なるほど。ここではグレッグ・テイトの名前も大きく取り上げてらっしゃいますね。

韻踏み夫：ヒップホップ・ジャーナリズムのゴッドファーザーとも呼ばれる人ですが、その彼が「黒いロラン・バルトが必要だ！」みたいなことを書いていた。ヒップホップと現代思想は深い関係があるということを、日本でも言っておかなくてはならない。

久世：そうですね。グレッグ・テイトは邦訳はされてるんでしたっけ？

韻踏み夫：ほとんどありません。
ポスト・ソウルのヒップホップ批評家ということでは、たぶんテイトとネルソン・ジョージが二枚看板的な感じです。ジョージは邦

久世:あーありますね、そういうのは（笑）。

韻踏み夫:でも先ほど言ったように、グレッグ・テイトやゲイツのような人たちこそがヒップホップ批評のオリジネイターなわけで、それなら僕のようなスタンスこそ正統でオリジナルに忠実なヒップホップ批評なのだ、みたいなことを言いたくなるときがある（笑）。

久世:なるほど、こう見ていくとおっしゃる通りです。で、そういった結びつきはアカデミズムにもあったんですね。

韻踏み夫:ゲイツやベイカーがいて、トリーシャ・ローズに結実し、ヒップホップ・スタディーズが確立される。

久世:そうだったんですね。で、九十四年の「ブラック・ノイズ」から"二〇〇〇年代にかけてヒップホップ研究は黄金期を迎える"と。でもまぁその辺の邦訳は今でも結構遅れてて…みたいなところもあるわけですね。

韻踏み夫:ローズ『ブラック・ノイズ』は、原著が94年、翻訳が2009年なので、こうしたヒップホップ・スタディーズの歴史を日本でリアルタイムで分かっていたのは、大和田さんとかごく一部だったでしょうね。

久世:なるほど。そういう文脈を日本語ラップ批評にも適応させることが必要なわけで、ここでいう"理論的前衛としてのポストモダニズムと、政治的なラディカリズムが再び出会いうる場所を探す"ことが重要だということですね。

韻踏み夫:つまり68年は、政治運動的には、さまざまなマイノリティ運動などを生み出し、思想的にはフランス現代思想のようなものを生み出した。そしてその流れとヒップホップの誕生も関わっているのだから、そういうところからちゃんとやっていこう、と。

久世:はい、そうですね。

韻踏み夫:これはすごい現実的に起きてることでもあって、BLMの文脈では、こういう学びなおしが進んでいると思う。アボリショニズムの文脈で、アンジェラ・デイヴィスはフーコー『監獄の誕生』を読むべきだと言っているし、ラッパーのNonameなんかはフ

ので、それらを一緒に考えるべきだみたいな、そういう感じですかね。

久世：はいはい。そこでそういう日本の批評は西洋とアジアの間にあることの不可能性で、アフリカン・アメリカン・スタディーズもそういう非西洋の立場から西洋思想について考えているという点で連帯というか同じような文脈で考えることが出来るというところなんですね。
でもアメリカはやっぱり進歩主義の不可能性の引き受け先に宗教とか神秘主義があって、その延長で他者化とかオリエンタリズムがあって、みたいなそういう広くアメリカ的な連帯に非西洋的というかアフロ＝アジア的な連帯がそれを超えていけるかみたいな、上手く言えないですけどそういうようなことを思ったりしますね。

韻踏み夫：日本の「（文芸）批評」という伝統は、日本特殊なもので、独特な知の形態だとされます。それは日本がアジアと西洋の狭間にあったからです。ではアメリカにそういう特殊な知の伝統があるのかと言えば、それはプラグマティズムです。それもまた、大陸的な哲学の伝統とはズレた、特殊なものです。それをヒップホップ批評に結び付けるとすると、先に名前を出したコーネル・ウェストはプラグマティストで、それを黒人運動に結び付けようとしている。今回はここまでは論じ切れていないけど、いつかやろうとは思っています。

久世：なるほど。そういう日本の批評みたいな悩みがアメリカ自体にもあったわけですね。

韻踏み夫：近代性に対するアンビバレンツ、ということでは、共通する面がある。

久世：はい、なるほど。

韻踏み夫：だから、デュボイスの有名な「二重意識」概念と、竹内好のアジア論を比較して書いています。むろん、日本人はマジョリティで、アフリカン・アメリカンはマイノリティという絶対的な違いはあるわけですが、そのうえでいかなる連帯が可能か、というのを考えたい。

久世：はい、やっぱり今はそれこそさっき言ったように前衛性だけのあり方というか、反差別運動の場になったTwitterとかの現状とかを見るとまぁマイノリティとマジョリティというか違う属性同士の連帯は相当難しいなとは思いますね。

韻踏み夫：僕の当事者主義への違和感もそこです。当事者のことは当事者にしかわからないというのは事実ですが、しかしそのうえで、絶対的な他者といかにして連帯するか、ということを本来考えなくてはならない。他者との連帯ということを現在の左派は□□□□□□□□□□□□□□□□。

久世：そうですね。色々と先鋭化してしまっている気はします。

□□、彼は、人民裁判が必要であるとは言う気でもないとしたが、それが「テロリスト」、「テロリズム」に陥ると必ず堕落してダメになると言っています。その警告は現在の状況に対しても有効だなと、常々感じます。

久世：そうですね。またここでは批評の文脈に"交通性を導入すべき"と書かれていますが…。

□□日本という場所について考える文章ではあるのですが、その日本も世界とつながっているわけで、海外のことを読まないといけない。そういうのを扱っているように見えるから、日本語ラップ批評の立場からそれを相対化してみたかった。

久世：なるほど。これはたぶん、それらを完全に重ね合わせるとなるとちょっとまた別の問題なので、並列に置いておくということ…？

韻踏み夫：そうですね。なのでそういうアフリカン・アメリカンの人たちと日本人が当たり前に立場が違うっていう断絶を受け入れた上で、その上でなお連帯する可能性を考えたいなという。その辺はやっぱり宇多丸から学んでるかもしれないですね。

久世：そうなんですね。そのアフロ＝アジア的な連帯がなんというかアクチュアルな場でどれだけやれるのかみたいなところも結構気になるんですが、どうなんですかね？

韻踏み夫：僕の大好きなエピソードがあります。ニュートンの自伝『白いアメリカよ、聞け』(サイマル出版会、1975年)にこうしたことが書かれています。かつて日本の学生がパンサーに対して、日本に講演にきてくれと頼んだそうです。リーダーのニュートンは自分が行きたかったけど、多忙のため他の党員を派遣することにしました。後日ニュートンがその日本での会議を録音したテープを聞いてみたら、その党員が「強烈な人種路線」を主張していたそうです。つまり、黒人のことは黒人にしかわからない、といった論法ですね。これを聞いてニュートンはどうしたか。「怒りをおさえることができなかった」と言っています。こうした当事者主義的な、「絶対的な物の見方」していた自分の組織の党員をニュートンは批判して、「正しい党の立場を代弁してくれたのは、むしろ日本の学生の方だった」と、日本の学生を評価したのです。ニュートンの並外れた聡明さ、誠実さを物語るエピソードです。自分の党員だからといって批判するときは批判します。他者である日本人の学生が正しいことを言っていれば、それを評価します。このようなコミュニケーションこそが、連帯のために不可欠な基礎だと思います。

久世：なるほど、ちゃんとその相互的で具体的なエピソードがあった上で可能性を探っているんですね。

韻踏み夫：もちろん、アジアの問題はきわめて複雑で困難を抱えています。アジアは一つだ、と言って始まったのが大東亜戦争だったからです。しかし、日本のラッパーはしばしばアジア性について歌っていて、それを無視してはいけない。

久世：なるほど。今でいうとここでKOHHとKeith Apeの「It G Ma」とかもありますけど、88rising、JojiがいてRich BrianがいてHigher Brothersもいて…みたいなアジア的なユニットもリアルタイムで見たりしてますし、海外向けに大きくなっていくにつれてラッパーのアジア性みたいなものも大きくなってる実感はありますね。

リックが証拠になったり、みたいな広い意味で悪く言えば芸術の自律性を損なうようなものと実際に差別的、攻撃的な言動との間をどう取り持っていくか、みたいなところはもう少し考えたいですね。

韻踏み夫：なるほど、そこは久世さんの中ではかなり大きい部分ではあるんですかね？

久世：そうですね、もう色々としょうがないと言えばしょうがないんですが…。
例えば最近のカニエやケンドリックの反ポリコレ、反キャンセルカルチャー的な態度は言うまでもないですが、Nasも今回「King 's Disease III」の最後の楽曲で"ポリティカルコレクトネス"と直接言葉を口にしながらその構造的な権威性を糾弾しつつ、"俺たちは誰も傷つけずに何かを言うことは出来ない。俺の口は今留置所で係争中だ。"みたいなことを言ってるんですよね。

韻踏み夫：Nasのアルバムは素晴らしかったですが、そのリリックは聞き逃していました。さすがNasと思わず言いたくなりますね。
僕はやはり、反差別にもいろいろなやり方がある、と考えるのが大事だと思います。ツイッター的なものだけが反差別ではない。たとえば昔は、ポリコレの代わりにマルクス主義が、もとは抵抗のためのものだったはずなのに権威性を帯びてしまう、ということがありました。これについて、ロラン・バルトはこう言っていました。「他方、作品のマルクス主義的解釈は、これまで断固として一元的であったが、複数化されることによって、さらに唯物的になることができよう（といっても、マルクス主義的≪制度≫がそれを許せばだが）」（『物語の構造分析』）。このセンテンスが私は大好きなのですが、バルトに倣って、私たちは反差別の「複数化」が必要だと思うのです。
僕がヒップホップ・フェミニズムの話をしているときにも、そういう意識があります。

久世：なるほど。韻踏み夫さんはご自身のブログの方でもヒップホップのミソジニーについて詳しく書いてらっしゃいましたましたもんね。

韻踏み夫：その記事のときは、椿が『フリースタイルダンジョン』でミソジニーを告発してツイッターで議論が起こったタイミングでした。そのときのヒップホップ批判の語り口に僕は違和感を覚えたので、ああいう記事を書きました。

久世：そうですね。僕なんかは結構そのあたりの考えがかなり先鋭化した形で自由論とか責任論を考えるまで行き着いたんですけど、もうほとんど犯罪は存在しない、誰に何を言うことも、称賛も批判もありえないだろうというところまできていて、ほとんど自

韻踏み夫：大事なことだと思います。たとえばかつて文学者や知識人は、李珍宇や永山則夫のような殺人者に対して連帯しようとしました。いま山上やカニエのような人物に寄り添おうとする知識人が何人いるか、ということですよね。だから、カニエについて久世さんがそのように考えるのはとても誠実なことです。

久世：なるほど、ありがとうございます。

韻踏み夫：そうした違和感を抱えて書くことは大事だと思います。自分の中の違和感を見ないふりしている順応主義者にはなりたくないものです。

久世：そうですね、とにかく悩み続けないといけないなと思っています。
あともう一点その一人称というところで言うと、ビリーウッズ「Aethiopes」とかは聴かれました？

韻踏み夫：はい、聴きましたよ。

久世：あれはその一人称がまるでないまま、つまりメッセージも革命的なアイデアも全くないまま途中まで進行していくんですが、そういう構造は結構面白いなと感じたんですよね。

韻踏み夫：そうですね、やっぱり基本、一番オーソドックスなヒップホップの形式が一人称って言うだけで、そうでない独特の新しい語りを生み出そうとするラッパーも沢山いて、例えば日本語ラップで言うとDos Monosとかはちょっとそれに近いような感触を受けましたね。

久世：なるほど、そうかもしれないです。やっぱり主体があやふやということは権力者がいないということで、「Aethiopes」も最後に描かれる主体は徹底的に無力なんですよね。そういう意味で内容は悲劇なんですが、ヒップホップの政治性、権力闘争を超えたアナーキズム的な視座がスタイルとして表れているような感じがしました。

韻踏み夫：なるほど、面白いですね。

でも本当にそれで言うと今回の作品は結構引用がパンパン飛び交ったり、どこかでフーコーの著作の引用なんかもしてた気が〈す〉

るけど、そういう引用を沢山するのもポストモダニズムの手法ではあるし、それと政治的なラディカルさが混ざっていると〈いう意〉

味では僕が言ってきたことの理想を体現してるラッパーなのかもしれないですね。

久世：そうですね。僕も今かなり夢中になって追っているラッパーです。

とりあえず今回のお話はこの辺りで、長い間お付き合いいただき本当にありがとうございました。

韻踏み夫：はい、ありがとうございました。

ヒップホップ批評もヒップホップみたいにニュージェネレーションが出てきて上の世代と下の世代とが混ざり合って、みたいな

のも面白いと思うので、ぜひみんなで盛り上げていきましょう。引き続きよろしくお願いします。

久世：そうですね、このまま書き続けて皆さんと色々と交流できたら良いなと思います。

今後ともよろしくお願いいたします。

ラップ・ミュージックの現在、失われた未来(？)

つやちゃん　久世

久世：今回の対談は僕が近年、国内外のヒップホップシーンで感じたこと、思ったことを率直に、とりとめなくお話しさせていただき、様々な音楽ジャンル、文化表象に造詣の深いつやちゃんさんの目線からそれらについてお話を伺いたいと思っています。
よろしくお願いいたします。

つやちゃん：よろしくお願いします。韻踏み夫さんとの対談ではヒップホップにおける政治性というテーマを真正面から語られたとのことなので、私の方ではもうちょっと突飛な視点で久世さんのヒップホップ観を掻き乱すことができればと思います(笑)。

久世：はい、ぜひお願いします(笑)。
早速ですがまずUSヒップホップのトレンドとして、例えばサンプル・ドリルというものがあったんですが、その分かりやすいサンプルを組み合わせた反革新的手法にドリル・ミュージック本来的なギャングカルチャー内の報復、暴力、拝金主義のような反革新的リリックが乗る音楽が流行ることにかなり思うところがあるんですよね。

つやちゃん：反革新的なサウンドに反革新的なリリックが乗るナンセンスさみたいなことですか？

久世：そうですね。そういう大衆迎合のヒット曲サンプルに暴力的なリリックが乗る皮肉っぽいコントラストをシリアスに捉えてしまう部分があるんです。
あと国内の現行シーンについてつやちゃんさんはWebメディアのPRKS9さんの方で色々な方面にクロスオーバーが進んでいるということをおっしゃっていたと思うんですが、それも例えばハイパーポップ的な方向のクロスオーバーは単純に言葉が少なく聞こえづらく、かつ内向的になっていて、二重でノスタルジーに向かっている感じがしてしまうんですよね。
そういう部分を真面目に考えすぎてしまって、マーク・フィッシャーじゃないですけど未来への志向が無くなっていることにちょっと憂鬱な気分になったり、みたいなところが頻繁にあるんですが、その辺りつやちゃんさんはどう思いますか？

つやちゃん：最近はヒップポップに限らず次から次に新しく出てくる音楽がみんな病んでいるものばかりで、どんどんタガが外れてきていますよね。以前は病んだ音楽に対してもうちょっとヘルシーなものも揺り戻しで来たりしていたのかなと思うんですけど、最近そういうのも起こる気配が無くずっと病んでいる。

久世：はい、そうですね…。

つやちゃん：やはりエモラップ以降ですよね。まずは社会論的な話になってしまいますが、やってる本人達にとってそういう手段があって本当に良かったなとは思います。トレンドは時代を反映しているので、つまり社会がヤバいことになっているのは間違いないわけですよね。だからこそちゃんと昇華できるような手段があって良かったなと思うし、当然そういった音楽を聴いている自分もそれで救われているところがある。ただ、だからこそ、大事なのは社会がそれを単にストレスのはけ口だとか怒りのアウトプットだとか安易な説明に終わらせずにちゃんと事象としても音楽としても捉えていくことだと思う。

久世：はい、なるほど。

つやちゃん：で、今救われていると言った通り、自分は最近のナンセンスなヒップホップを聴くことでむしろ元気になったりしているんですね(笑)。現実は本当に直視しようとしたらもっと生々しいしもっとエグいことが沢山あったりもするので、ある意味音楽を挟んだ上でそれを眺めているわけで。

久世:おっしゃっていることも共感しますね。実際僕もサウンドクラウド・ラップとかはかなり聴いてきて救われてましたし。

つやちゃん:あと、自分は型をエクストリームに突き詰めていくことの可能性というのを捨てきれなくて。それは、私がメタルやハードコアで育ってきたところも大きいと思います。ああいったエクストリームミュージックの世界って、七十年代から始まってもう五十年以上過剰さを極めていっているじゃないですか。基本的に、五十年前からナンセンスなことしかしていないんですね。だって、リフをどれだけ速く重く聴かせるかみたいな芸をとことん磨いているだけの話なので。でも、そのナンセンスさを愚直にやっていくことで、ある時どこかで新しい速さや重さの概念を手に入れる。何が言いたいかというと、ヒップホップが現実社会の反映であるのならそこをリアルに映していくのは仕方ないことだし、それはそれでやるのであれば極端さを極めていくことでサウンド的に何か見えてくるものがあるんじゃないかとも思うし、あまり悲観的にはなってないというのが正直なところです。

久世:なるほど。僕も実際そんなにヒップホップはこうじゃなきゃ、みたいなものは無いんですけど、やっぱり僕はどうしても言語芸術、口語表現としてラップを引き受けている
部分が多分かなり大きくて、その流れに乗り切れてないのはあるかもしれませんね。
つやちゃんさんも書籍の方のちゃんみな評で"ラップはスクリームを通過しない"とおっしゃってたと思うんですが、割と最近はそうでもなくなってきているなという感覚はありますね。
やっぱり自分はそういう言葉に対するこだわりがめちゃめちゃ強くて、そのせいで今の音に溶けていく、取り込まれる言葉みたいなものに対して暗い気持ちになってしまうのかな、とも思います。

つやちゃん:久世さんの書かれるテキストを読んでいると、その暗い気持ちはすごく伝わってきます。ただ、口語芸能という側面においても、結局は現実の口語コミュニケーションで観察される会話のリズムやそこで使われてる言葉遣いが、ラップというアートフォームにも反映されている部分も大きいと思うんです。今のラップがリリックを書いてそれを歌うより単にワードの羅列になってきているのも、要は日常のコミュニケーションがそうなっているからという部分は大きいのではないでしょうか。ビジネス文書が普及することでセンテンスではなく端的なワードで核心を突く方法が一般的になったり、SNSのようなコミュニケーションツールが前提となることでワードそれ自体の簡略化も進んでいる。ワードそれ自体の変形も増えている。ラップをラップだけで捉えずに、広く口語コミュニケーションとして見れば見るほど、所詮「そんなもん」だという気がするんです。これはニヒルになって言っているわけではなくて、そもそも口語というものの歴史を遡っていくとそうじゃないかと思うんですよ。「言葉が乱れている」という危惧はもう何百年もされ続けているわけで。

久世:なるほど、それもそう言われるとそうですね。

つやちゃん:ラップにおいて久世さんが大事にされているポイントと私が大事にしているポイントが違うのかもしれませんし、私が話すとどうしてもラップについて話しながらもラップから離れていってしまうんですが(笑)私は世の中において言葉ってちょっと遅いと思うんですよ。音楽とか写真とか色々な芸術作品が生まれてくる中で、近年特に言葉の遅さを感じることが多い。言葉の運動神経が鈍いというか。例えば、2023年1月の今の世の中のこのムードを表現するのって、たぶん言葉よりも写真の方が早いし、服の方が早い。それは今の景色を切り取った写真を撮れるからという意味ではなくて、ライティングや構図や陰影といった写真的な技術を使った上での表現として、という意味で。「これってこうだよね」ってなんとなくみんなの中で常識になってきた頃にようやく言語化がされたり、丸いとか尖っているとかのムードを言い当てる口語表現の輪郭がようやくできあがる気がする。自分はそれがすごくもどかしくて、そこを早くなんとか追いつきたいと常に思っている。

久世:はい、そこはとても分かります。

つやちゃん:だからヒップホップ一つとっても、ビートとリリックがあるとしたら、やっぱりちょっとだけビートの方が早いな、という気がするんです。リリックはどうしても意味を背負ってしまい音だけのものになり得ないからこそ「今の2023年1月のムード」をうまく表現できない一方で、ビートは割とオンタイムで追いつける。常にビートをリリックやラップが追いかけている

ような感じがしてもやもやするんですよね。だから私は出てきた当時からマンブルラップをとても評価していて、あれはリリックやラップがビートに追いついたわけじゃないですか。意味の敗北という点では手放しでは喜べないかもしれないですけど、ヒップホップ批評として考えると私にとってマンブルラップは待ちわびた革命だったんです。……ごめんなさい、早速話が飛びました。

久世: いえ、ありがとうございます。
おっしゃっていることはすごく理解できますし、マンブル・ラップは現実を写すものとして革命的な速さだったというのも頷けますね。それをどう見るかというところで、まず僕は広く啓蒙化された世界でみんなが平和に、自由に暮らしていけているような安心感を打ち砕くヒップホップに強く惹かれてきたんですよね。
だからマンブル・ラップ、つまり意味の敗北、ノンモラルという安心出来る、かつ自己破滅的ものに対して批判的なんだと思います。視聴覚情報全盛の、思考なき、インスタントに消費されていく現代を肯定しうるものとして見ている。
ただ自分は「一見くだらないもの」に価値を与えるための説得の過程で独善的に価値を創造することを恐れるあまり、結果を価値づける意欲が足りない気は常々しています。その点は今のお話を聞いて例え手法がナンセンスであれ結果を見ていこう、今後の発展に期待してみようと思えました。
それでも今のところはやっぱり今って暗い時代だなという実感がまず大きくのしかかってきていて。

つやちゃん: まぁ暗いのは間違いないでしょうね。社会が暗いですからね。

久世: そんな中でラップが外向きの話をしなくなって内に向かうような傾向と安易なノスタルジーに依るような方法が流行ってしまうことになんとも言えない感情もあるんですよね。
僕は以前までヒップホップが売れまくって成功したら即ち階級的な価値を与えられる状況になるがゆえに内に向かっていくしかないのかな、とか思っていたりもしたんですが、階級的に大して上には上がれない日本語ラップにもその傾向が強く表れているので、実際そうでもないんだなと、単純に社会に対しての諦めからなんだな、と今はちゃんと思ってますね。

つやちゃん: 諦めっていうのはすごく大事ですね。ここ何年かは特に実感があります。

久世: そうですね。その諦めがエモラップ的な段階だとして、そこから逃れるためにケンドリックはスピって、カニエは闘争相手を最悪な形で見出してみたいな、あんまり健全な方向には行っていないなというところで、そこを抜けるアールは良かったなと思いますね。
そういう社会に対して希望が見出せないんだとしたら、人生それ自体に対する誠実な向き合い方でちゃんと希望の方も語っていくみたいなことも重要なのかなとは思ったりもするんですけど…。

つやちゃん: なるほど、久世さんのスタンスが分かってきました。やっぱりヒップホップに対して、前向きとまでとはいかないかもしれないけど、ある程度世の中のこの現状に対する回答めいたものを打ち出していくべきであると考えているんですかね？

久世: そうですね、回答というか僕は振り切れないでいて欲しいのかもしれないです。
もちろんそういったあり方も全然アリだしそれが受け入れられることも自然なことだと思うんですけど、そういう本当に過剰にニヒルな方向に行った人たちがそのジャンル内部でカルト的な人気を誇っていて、みたいなその二重の極端さがあって。

つやちゃん: ありますね。こんなにヒップホップが極端になる前、どんな時代だったっけって考えると、いわゆるチルいヒップホップみたいなものが流行った時期もありました。むしろ自分はああいうものの一部の曲にあった現状肯定感の方が、何も変わらない気がしたんですよ。それと比べると、安住するのではなく振り切っちゃってる今のヒップホップの方がリアリティがあります。

久世: そうですね。ただ自分はそもそも現状打破のためのラディカリズムに対して懐疑的な部分が前提にあって、その上今のような形に振り切れているようなあり方が先ほどおっしゃったように現実を反映しているがゆえにそれが革新的だとは思えないとい

うか、それはむしろ現状肯定の共感性だけの形なのではないかと思ったりもしますね。情報過剰の時代は関心を局在化し、それが抑うつやぼんやりとした不安感を伴って思考停止に陥ってしまう。過激なフリをしているけど、実際はそれらを優しく引き受けるものになっている。

ラップ的過剰は闘争的ですが、この種の過剰さは権力とか時代に対する和合、降伏なんですよ。そこが強く引っかかってますね。

つやちゃん:確かに、過剰さをもって権力に抗っていくというよりは、過剰さに耽溺するような性格が見えます。それは端的に言うと、やっぱりエモラップ的な耽美性だと思います。過去のヒップホップにも耽美的な要素ってあったと思うんですよ。でもそれってパーツのサウンドの話だった気がする。このピアノに絡むドラムの鳴りってぞくぞくして堪らないよね、みたいな。今のヒップホップは全体的にその過剰な音とスタンスに対して耽美性を讃えているというか、それこそ極端なブラストビートや速弾きに酔うロック的メタル的な価値観に近いし、裏返せばゴスやニューウェーブの削ぎ落したミニマルな耽美性とも繋がるんじゃないでしょうか。要は、極端に振り切ることでカッコいいという。

久世:はい、おっしゃる通り今日的なあり方も結局エモラップ的であることは間違いないと思います。またそれが方法として、耽美性としてカッコいいのは確かにそうですね。ただ繰り返すようになりますが、現代においてその振る舞いがカッコいいかといえばなんとも…。外在的になりすぎかもですが(笑)。

つやちゃん:あとは、サウンドクラウドのプラットフォームという環境面もある気はしますね。あそこはもう、空気感自体が権力にも時代にも完全に降伏しているじゃないですか。ふわふわした寄る辺なさというか。

久世:それもそうですね。ドレイクとかカニエとかに共感できちゃう時代というのもヤバいなというか、めちゃめちゃ金持ちだけど辛い、悲しいみたいなものが、今の時代だとSNS、あるいはサウンドクラウドというプラットフォームもそうかもしれませんが、そのような過剰のモデルもあって、もちろん喪失もあって…みたいな部分で共感性もって届いちゃうっていうのが本当にすごいなと思いますね。そういう意味ではラップ的過剰さえエモとか共感性に絡め取られてしまって、リスナーはそこで止まってしまう。

つやちゃん:そういう説明をされると、確かに気が滅入ってきますね。

久世:そうですね、かなり重い話かもしれません(笑)。

つやちゃん:そこで最近思うのが、ヒップホップにおけるいわゆるネオリベ的な成り上がりの物語もちょっと変わってきているんじゃないかということです。あまりにもそれが型になりすぎてしまった。その結果どうなったかというと、久世さんがおっしゃったように大金を稼いだアメリカのラッパーは全然ハッピーそうじゃないし、日本だとそもそもそんなに稼げない。つまり、成り上がりのセルフボースティングに対して、若干のユーモラスな含みを感じ始めている段階なのかなという気がするんです。日本でもちょっと前だったら例えばKOHHやBAD HOPが売れましたとか、ここから世界に向けて売れていくのかなとか、日本のヒップホップってすごいところまで行くのかもなとか、資本主義ゲームを制するヒップホップ像というのがあながち嘘じゃなく信じられたけども。最近は、若干そこがユーモアとフェイクのギリギリのところにあると思います。実際、例えばYoung Cocoのような「金稼いでるぜ」と積極的に歌うラッパーすらも、同時に「お金を持っててもあの人寂しそう」と歌っていたりもする。彼はヒップホップフェスのMCでも「お金で買えないものがあるよ。戦争とか始まってるの知ってる?」とか突然言うんです。

久世:すごいですね。おっしゃっていることはすごく分かります。

つやちゃん:だからこの先、次は「じゃあその時のヒップホップのリアルって何なの?」という話に間違いなくなるでしょうね。

久世:そうですね。現状やっぱりどうしてもあらゆる意味で過剰にはなれないし、階級的にも上には行けないので、おっしゃる通り

例えば「俺は金持ちだ」はまぁ嘘になるだろうなとは思いますね。ボースティングしても現実が全然追いついていないのはまず難しいところですよね。そこを抜けてもアメリカと同じような悩みが待っていると。

つやちゃん：まぁでもオルタナティブなラッパーはそんなこと最初から言ってたわけで。大金稼いでハッピーなんて嘘じゃん、ってね。

久世：そうですね。そもそもどうして日本でヒップホップが正直それほど流行らず、上がってくる気配も個人的にはあまり感じない状況になっているのかがあまり分からないんですよね。
すごく陳腐な質問かもしれないんですが、例えばCreepy Nutsとかはヒップホップだと思いますか？僕はラップをして金を稼いでるという意味で割とヒップホップだなと思ったりするんですが（笑）。日本でそうすることの難しさを考えると。

つやちゃん：私はサウンド的なところでいうとわりとヒップホップを広く捉える人なのでCreepy Nutsの音楽はヒップホップと言ってもいいんじゃないかと思っていますが、一方でスタンス的なところではシステムに対し闘い革命を起こしていくのがヒップホップだと考えています。そういった意味で、Awichの方がJ-POPのマーケットに乗っかりつつも虎視眈々とそういうことを狙っている感じがするんです。つまり、メディア露出を革命を起こすための手段と捉えていると。Creepy Nutsはその辺があまりよく分からない。自分がキャッチできていないだけかもしれないですけど。

久世：なるほど。確かに僕もそういう意味でも捉えていて、例えばさっき言ったようにサンプル・ドリルなんかは聴き心地は良いかもしれないですが、サウンドに文脈も意味づけされたものもリリックとの有機的な関わりも無い、ある種ノンポリ的な音楽を再現してしまっているんですよね。ただ見方によっては臆面なくこういうことをするのもヒップホップ的、ネオリベ的かもしれませんが。
プレイボーイ・カルティなんかの音楽も外向きの意味をほとんど失った病んだリリックさえシンセに溶けて過剰に響くようなもので、そういう意味での過剰さが普遍的なものなってしまっている現代でそれをやることは大衆迎合的だなという印象はどうしてもあるんですよね。その辺りがどちらも大文字のノンモラルというところで通底している気もしています。もちろんサウンドとして楽しいし、特にカルティの音楽が本当に魅力的なのは前提として。
例えば本当に人生に一つ明るさを見つけ出して語ること、音楽的にミニマルだったりノスタルジーに依らないあり方をするだけでも革新的な気はします。

つやちゃん：ちなみに、久世さんの2022年のベストは何ですか？

久世：僕はビリーウッズですね。「Aethiopes」です。

つやちゃん：ビリーウッズは、今の問いに対する一個の明確な答えを出していると？

久世：うーん、そうですね…。
一つはnoteの記事にもしましたけど、鑑賞者に能動的な思考や創作を要求するあり方をしているところが少なくとも大衆迎合的ではないし、物語に参与させるという意味で革命的なポテンシャルを持った作品だったとは思いますね。
あとは純粋な悲劇をしたということが素晴らしかったなと思います。ちゃんと意思が挫折するような、ああしたいこうしたいという想いが外的な要因で頓挫する悲劇なんですよね。

つやちゃん：あぁ、なるほど。

久世：今のヒップホップではそういうものはほとんど無くなっていたと思うんですけど、今回のヴィンス・ステイプルズなんかもロングビーチという場所が上昇的なアイデアを全て否定してくるような構成になっていて、そういう本来的な悲劇、逆説的です

けどヘルシーな悲劇がエモラップ以降あんまり無かったかもなと思っていて、そういうある種ヒップホップ的な悲劇をちゃんとやったところがまず良いなと思ったのがありますね。

でヴィンスは場所が意思を挫いて、ビリーウッズは実存が意思を挫くような構成になっている中で、ウッズ自身が始終徹底的に無力だったところもすごいなと思いましたね。

ビリーウッズは色んな人を引用したりして他者を沢山介在させつつ自分の意見と有耶無耶にしてるんですけど、その上で創作者であるウッズが権力を握ってしまったらまさにそれは植民地主義で、作品のテーマであるポストコロニアリズムが嘘になってしまうので、そういうヒップホップ的ジレンマを解消するための無力であり、悲劇を選んだのがすごかったですね。

やっぱりヒップホップでは反権力を唱えつつ自分が権力側に行くことを志向することがほとんどで、まぁそれはそれでいいんですけど、権力闘争の形を取らざるをえないような図式を崩して悲劇にしたというのが本当に良かったなと思います。色々ありますがここが決定的に革新的です。

あとはプリザベーションのビートもちゃんとそのサンプリングマナーというかノスタルジーを感じさせないような忘れられたサンプルで、かつジャンルの力学にそぐわないような
前衛的なビートを志向しているのも良かったです。リリックとも上手く作用し合ってますし。

つやちゃん：なるほどなるほど。

久世：つやちゃんさん的には2022年の日本語ラップでそういう外向きというか政治的、革新的なものを感じ取った作品とかはありましたか？
例えばOMSB「ALONE」なんかは本当に素晴らしい作品で、自分を語ればアイデンティティとして政治性も生まれうる。そういうところの話は韻踏み夫さんの方で沢山お話しいただいたんですが、Lunv Loyalとかはどうですかね？結構直接的な箇所もあったと思いますし、塩梅が理想的で普通のことをちゃんと、上手く言っていたのがグッときましたね。

つやちゃん：Lunv Loyalの『SHIBUKI』はめちゃくちゃ良かったですね。リリース当時、二木信さんに「このLunv Loyalのラップはいい意味で変だからつやちゃんのアンテナに引っかかるでしょ」みたいなことを言われたんですが、まさに悔しいくらいにその通りでした。まず、異様に活舌の良いハキハキしたフロウが特徴的じゃないですか。あのフロウで政治的なリリックをラップすると、完全に演説になるんですよね。そして色んな方が指摘している"No Reason"の「あそこの国は今／戦地に突っ込んでく兵士／俺はさっき仲間と食べてたステーキ」というリリック。戦地というワードで火の粉が飛ぶ様子を描いたと思ったら、そこから火で焼かれたステーキの描写を繋げるわけでしょう。卑近なものをモンタージュさせることで、より一層戦地の生々しさが際立つという。政治性と技術の結合が素晴らしいです。例えばWatsonやCandeeってもう完全に2020年代の新しい型のラップをしているけれど、Lunv Loyalってもうちょっと一つ前の型をベースにしつつ努力でなんとかハイレベルに持っていっている感じがするんですよ。そこに、尾崎豊へのリスペクトから来るのか分からないですが、情に訴えかけるような政治的なリリックが乗ってくる。こういうラッパーが普通に出てくることが、日本語ラップの成熟を表していますよね。

久世：なるほど、そうかもしれません。そういう創作に属するルールとか定石みたいなものを明確に引き継ぎながら自分のものにしていくことは本当に難しいですからね。

つやちゃん：あとはやっぱり最近少しずつ政治的なスタンスを出し始めているLEXと、彼とコラボもしているShowyRENZOあたりは面白いなと思います。SyowyRENZOは昨年「2022」と「FIRE WILL RAIN」という二枚をハイペースで出したんですけど、その「2022」の中に「死と税金」っていう曲があって。元ネタは政治家のベンジャミン・フランクリンの言葉から来ていると思うんですけど、死と税金という一見するとちょっと遠く感じる二つを並列にするセンスがすごい。ラッパーって近年は死と金のことばかり歌ってきたわけじゃないですか。けれども、その二つを一緒に歌う人って意外に少なかったりする。そこで、死と並列に税金をポンって並べてしまうというセンス。ShowyRENZOって、インタビューとかライブとか見ていると異様に明るいんですよね。明るいから、ラップもなんだか明快でリズミカル。彼みたいな人が自分の内側をリズミカルに語りながらも、その弾けるようなラップで気づいたら政治的なトピックをフックに外側に向かっていくという回路が面白くて。それこそLEXも同様の印象ですね。ちなみに

その後LEXも"Killer Queen"で同じく「死と税金」というリリックを歌っています。

久世：そういう意味ではケンドリックなんかと近い気もしますね。
それこそエモラップ的でない、ロマン主義的でない、個を社会と切り離さないことで、内側を語ることによって社会も語りうるみたいなところですよね。

つやちゃん：確かに近いのかもしれないですね。あと、ShowyRENZOは時間に対する感覚がすごく鋭いんです。この人は、ヒップホップがずっと続くものだと思っていないんだな、という感じがする。ケンドリックがあれだけ言葉数や視点を一小節の中に詰め込むのも、結局時間に対する感覚があるからですよね。それって突き詰めると「死」に対する捉え方なんだと思う。「死」は、ShowyRENZOのテーマとしても非常に色濃くリリックに現れています。死ぬまでには時間がないし、それまで早くなんとかして稼がなきゃいけないし、死がどんどん襲ってくるし、ということを色んなアプローチで繰り返し繰り返しラップしている。市民権を得た今、ヒップホップなんてこの先ずっと続くものなんて考えている若い人も多いかもしれないけれど、彼にはそういうぬるさがない。切迫感があるんです。それって、ちゃんとヒップホップを外から見ることができているからだと思うんですよね。だからこそ、たまに政治的なリリックがフッと差し込まれたりするんだと思う。

久世：なるほど、そうなんですね。
確かに資本主義の要請とその切迫感を直に感じられるようなラッパーは日本だと少ないかもしれないですね。とにかく今すぐ金稼ぎたいという部分をグッと感じるラッパーはあまりいない気はします。

つやちゃん：なぜハードワークするラッパーがリスペクトを受けるかというと、結局そこに繋がりますよね。もちろん能力があってどんどん曲を作れるというアビリティの面でもすごいんだけれども、それ以上に、ヒップホップにおいて重要なポイントである資本主義との対峙の仕方について切迫感があるからこそ多作主義は一目置かれる訳で。

久世：そうですね。そこは本当に大事な部分ですよね。
それこそUS、特にアトランタ周りのラッパーなんてアホみたいにレコーディングしてますしね。

つやちゃん：アホみたいにね（笑）。

久世：デトロイトですけどボールディ・ジェイムズなんて去年四枚アルバム出しましたし、この間今年の一枚目が出ましたよね（笑）。もちろん制作ペースに表れていないハードワーカーも沢山いて。とんでもないです。

つやちゃん：ラッパーと話すといつも思いますけど、あの人たちどうかしてるんじゃないかってくらい常に働いてますよね。本当に寝る時以外ずっとリリック書いたり曲作ったりしてる。遊んでるのは、遊んでる風のミュージックビデオ撮ってる時だけですからね（笑）。それって仕事じゃんっていう。

久世：そうですよね、逆に普通のミュージシャンはどうなんですかね？

つやちゃん：もちろんヒップホップに限らずミュージシャンはストイックな方が多いですが、ラッパーは楽器もいらないのでどこでも曲作れちゃうし境目がない気がします。あの人たちの資本主義へのコミットメントの仕方はすごすぎて、それを突き詰めた結果もはや働くことと金を稼ぐことの主従が逆転している。

久世：そうなんですね。
やっぱり金を稼がなきゃというか働かなきゃというのもヒップホップ的な要請に従っているからで、日本語ラップの歴史としては正直心理的にも金が稼げなくても大丈夫な人が主に作ってきたじゃないですか。

つやちゃん：アメリカと比べたらそうですね。

久世：そこからちゃんと労働者階級とかマイノリティーが参与していって…みたいなところも韻踏み夫さんに詳しくお話ししていただいたんですが、そういうところで例えば土着性としての日本語ラップと、ラップする上でたまたま日本語だった人、あとはそれこそフィメールラッパーとして女性性を打ち出していく人と、ラップをしたくてたまたま女性だった人がいるわけじゃないですか。
そこで日本の場合は土着性もアイデンティティ性もUSと比べるとそこまで出していっていない気はするんですよね。それ自体が日本性だったりするのかとも思ったりもするんですが。
今は本当に日本でラップをするというよりも、たまたま日本に生まれて日本語だったみたいな。例えばアメリカで黒人がヒップホップをすることに悩みや断絶が生じないというのはもちろんそうなんですが、それでも彼らはアメリカでやっているということに自覚的だと思うんですよね。アイデンティティの問題もそうで、もちろんこっちは自由で良いと思うんですが、アメリカで例えば女性性を全く出さないフィメールラッパーはあまり思いつかないんですよね。ハードコアなところで控えめな人は多少いますが。
やっぱりそういう風に含意が無くても事後的に日本語ラップになるようなラッパーが多い印象があって、個人的にはそれも外向きに、リリック的にもスタイルとしても政治的にあることを妨げてそうな感じもしますね。

つやちゃん：ヒップホップに限らず日本の音楽全般、そういった意識は希薄ですよね。

久世：そうですね。例えばJ-popこそ本当にたまたま日本語でやってるなとは思います。ラップもその延長だったりもするんでしょうけど。
そういうのも市場意識で、日本国内での流通が当たり前だから日本に対する意識が薄くなるみたいなところもあるんですかね？

つやちゃん：日本のマーケットだけでもそこそこ売れちゃうから外に意識が向かないというのはよく言われますよね。私は、日本の音楽がデコラティブになりがちなのはやはりそこが大きいと思うんです。要は、国家だったり人種だったりアイデンティティだったりをあまり意識せずに表現が始まりがちじゃないですか。だからこそ、自分たちでデコラティブに空想世界を作っていかないといけないんだと思う。日本の音楽が耽美的になりがちなのも同じことだと思います。アメリカなんて、まさか無理やりデコラティブなものを作らなくても、今さら耽美的なものを構築していかなくても、もう既に各々の中に考えなくちゃいけないテーマがあるわけじゃないですか。日本はそこをすっ飛ばして表現が始まるわけで、じゃあ自分たちで色々とデコラティブに作っていかないとね、となるのは仕方ないと思う。

久世：そうですね。それこそ韻踏み夫さんともお話しした部分ではあるんですが、日本の終末論的な想像力をアメリカの現状を重ね合わせて正当化したのがいとうせいこうで、ちゃんと輸入品をどう扱うかみたいなところをすごく真面目に考えることで日本のことを同時に考えることが出来るし、ヒップホップが持つ外向きの何かを日本語で補填する動きがかつてあったと思うんですが、やっぱり日本語ラップというものがどんどん土着化していく中でアメリカのヒップホップとの整合性を保つ必要がなくなってきて、同時に外に向かう必要もなくなってきて…みたいなところはあるとは思いますね。
つやちゃんさんがおっしゃっているように日本という国に政治性は無いので、そこに土着化すればいくらヒップホップでも外側への目線はそぎ落とされてしまうだろうなとも思います。
あと先ほどの話で「フィメールラッパー」という言葉もなんとも言えないところで、女性性を出していく人でも全く出さない人でもフィメールラッパーという表象を取り上げないことにはそこに至るまでのコンテクストが無視されちゃうじゃないですか。
そこも本当に難しいところだとは思うんですが、つやちゃんさんはその辺りをかなり意識的に書籍を書かれてましたよね。

つやちゃん：フィメールラッパーはもうひとひねりねじれが入るので余計にややこしい。象徴的なのはAwichで、彼女は沖縄というフッドもある。逆に、そこをいかにストーリーテリングできるか否かがラッパーとしての腕の見せ所でもあったりもしますね。

久世：そうですね。BAD HOPとかも川崎というフッドがあって、というところを考えると政治性とか外への目線にはフッド、広くいえばナショナリティもやっぱり重要ですよね。
アメリカのヒップホップも政治性が顕在化しているのは本当に数多くないと思うんですけど、それでも根底に政治的文脈を背負って出てくるわけで、でも日本はそうはいかなくて、というところでそれが自然な気もします。

つやちゃん：日本のラップをアメリカとの比較で考え出していくと袋小路に陥るんですよね。今日、色々と話してきて分からなくなってきてしまいました（笑）。

久世：そうですね、このまま行ったらアメリカに比べて政治性がないのが日本語ラップだみたいな結論にもなりそうですが…。

つやちゃん：ちょっと違う方向からの意見を提示してみましょうか。例えば日本のポップミュージックというものを考えた時に、リズムよりメロディが強いという傾向がありますよね。欧米のポップミュージックは、リズム先行で新しいものが生まれてくるけれど、日本はそれほどリズムは重視されず旋律が大事である。もちろん例外はあるので、あくまで大きく見た時の話です。という時に、そこで日本人がメロディを捨ててラップをするというのは、アメリカ人がラップをしますとは全然違うことのように思うんです。歌うことの快楽に溺れずに、あえてラップを選択するという。メロディを歌いあげた方が間違いなく多くの人と接続できるわけじゃないですか。つまり、日本人がラップをする時ってそこで一つの大きな決断があるわけですよね。そう考えると、その時点でもう十分なくらいに重いものを背負っているな、とも思う。

久世：なるほど。

つやちゃん：政治性ないの？お前の人種は何なの？何を背負ってラップしてるの？という指摘ももちろん分かるんですけど、いやいやメロディーを捨ててラップをやるんだっていうだけで実はすごい決断だし、色んなものを引き受けているんじゃないか。だからこそ、日本語ラップに政治性が無いとバッサリ切り捨てられない自分がいるんです。本当に自分が金稼ごうと思って曲作ろうとした時に、メロディをバッサリ捨てられる自信はないから。そこでバッサリ捨ててラップやる！というのは、もしかしたら向こうのラッパーが政治性を背負ってラップすることと同じくらいの大きな決断かもしれない。

久世：はいはい、なるほど。確かにモテたい金稼ぎたいで日本でヒップポップを選ぶ人はほぼいないでしょうしね。

つやちゃん：そんなめちゃくちゃ稼げたりモテたりしないしね。

久世：正直そこのリズムとメロディーについてはあまり考えたことがなかったんですが、重要なご指摘ですね。

つやちゃん：だからこそ、アメリカとは違った形で日本ではR&B的なJ-POPが重要な鍵を握ってきた。歌の力やロマンティックな愛みたいなものをちゃんと真正面から描くようなR&Bの良さってちゃんと日本でも受け継がれて、ヒップホップともつながってきましたよね。最近は日米ともに両者がちょっと遠くなっていますけど、特に日本の場合は、もう一度接近するタイミングがくると思う。

久世：なるほど、そうですね。そういう話でいうとアメリカではJIDがまさにそうでしたね。もちろん音楽的な部分でもそうだし、テーマとしても愛を捉えてバランスを保つような、まさに今おっしゃったようなあり方な気がします。
こういう正直地味なテーマ、アプローチがむしろこの時代を一つ乗り越えるものなのかもしれないです。そういうことを僕はここ最近ずっと思っていますね。
もちろんリバイバルなんかもそれを志向してやるなら素晴らしいと思いますし、そこに現代的な手つきを加える方法も面白いと思うんですが、現代を乗り越えるためのアプローチや過剰な未来志向の形がむしろ全部現代という時代の反映に終わってしまっているような気がしています。

つやちゃん：最近のeverything is emoのムードの中で、懐かしさを手段に描くということを超えてもはやそれが目的化しているような風潮すらありますからね。もはやなんだか私たちの世の中が巻き戻されているような気えします。

久世：そうなんですよね。だからこそ音楽的にも一歩歩みを進めるという選択をしたアールが本当に心に響きました。

つやちゃん：そうそう、自分も「Sick!」に前進を感じるというのはすごく分かる。特に自分がその前向きさを感じたのはトラップの要素が入ってきた点で、そのことによって彼がトラップというものすらも歴史化しようとしていることを感じました。歴史化するということはつまり前進することだと思うので。自分はそこにポジティブな気持ちを感じましたね。ちょっと逆説的ですが、未来に進むためのサンプリングというか。

久世：はい、まさにそうですよね。彼がジャンルを一元化しながら奪還してきた大文字の黒人音楽という民族意識の中にトラップが取り込まれたわけですので。ここからさらにトラップが黒人音楽の中で揉まれてアブストラクト・トラップとでも言いたくなるようなアヴァンギャルドなトラップが生まれたら最高に面白いなと思います。

つやちゃん：そう思います。そうなると、いわばハイパーポップがやっているようなこと——ここ二、三十年の間にあまり評価されてこなかったJ-pop、バブルガムポップ、チップチューン、メタルといった音楽を寄せ集めてそこに新しい価値を与えていく——というような仕草は、久世さんの中で前進していることにはならないということですよね？あれも非常にナンセンスと言えばナンセンスじゃないですか。

久世：そうですね、前進といえば前進かもしれませんが、ただやっぱりそれもノスタルジーをある程度は前提としていて、両義的でなんとも言えないところもありますかね。レトロフューチャー、憑在論的なあり方であることに対する意識の方が僕は強く働いてしまうかもしれないです。
もっといえばさっき話したように破壊的な、ラディカルなサウンド、すごく雑な言い方をすればうるさい音楽に時代の反映、迎合性を強く感得してしまうがゆえに前進というワードが浮かばないのかもしれないです。この辺りはかなり主観的で申し訳ないんですが。

つやちゃん：ということですよね。久世さんの評価軸が分かってきたぞ。極論、いま久世さんが聴くべき音楽はヒップホップではない気がしてきました。素朴に、なぜ久世さんはそこまでヒップホップにこだわるのでしょうか？(笑)

久世：いや、鋭いご指摘ですね(笑)。
僕もあんまり分かっていないんですが、やっぱり言語との結びつきが一番強い音楽として引き受けているというのと、現代の文化表象で熱心に向き合っているのがヒップホップくらいだから色々思うことがあるのかもしれません。
あとは究極音楽を聴くより本を読む方が好きで、ヒップホップに関してはそういう対し方をしているのもあって思い入れが強いのかもしれないですね。

つやちゃん：それは自分もそうです。ヒップホップは音楽でありながらも、言語という「音」と「音とは全く切り離された何か」という両者の間で宙づりになっているようないびつさがあるからこそ私も強烈に惹かれています。それはそうなんですけど、もっと単純に「この曲カッコいい〜」みたいなものもあったりするんですか？

久世：それはそれで全然ありますし、それこそカルティや例えばリル・ヨッティの「Poland」なんて本当にヤバい曲だと思いますし、めちゃくちゃ聴いてます。それを普段のヒップホップの聴き方として聴いているかはまた別かもしれないんですが、もちろんヒップホップとして引き受けています。

つやちゃん：そうか、ちょっと安心しました(笑)。ヒップホップというカルチャーに対してはどうですか？

久世：僕としては自分の出自からある程度階級意識が高いつもりでいるので、そこで多少通じ合っているのかもなというところがまずあって、グラフィティとかもそうかもしれないんですが、それぞれのコンテクストを考えた時誰が誰を非難しうるのか、またそれでも非難しなければならない時どうするかみたいな自分の中で大きな自由論的な部分、根源的な不可能性を一番見せつけられるもの、不安にさせるもの、つまり存在を揺り動かすものであったりもしますね。

つやちゃん：あぁ、それは確かにロックやポップスには難しいかもしれない。

久世：そうですね。なかなかヒップホップに対する歪んだ（？）こだわりは捨てきれなそうです（笑）。
逆につやちゃんさんはどういった形での批評というか、語り方をしていくんですか？

つやちゃん：自分も久世さんと同じく、音楽と同じくらい言葉を大事にしています。ただ、私の場合は詩や小説といった創作の方に興味があって、レトリックに対する魅力に抗いきれない部分もある。あと、広告コピーみたいなものも大好きなので、そこが久世さんと大きく異なる点かもしれないです。それを音楽に置き換えると、究極全く中身のない軽薄なことを重ねていくことで重量感が出てくるようなものに魅力を感じます。カルティなんかはそうだし、例えば私の理想のヒップホップ曲はヤング・ハッスルの"おんなのこ"という曲です。あれは本当に凄いと思う。「おんなのこ可愛い」というある種どうでもいい軽薄なことを繰り返しラップしながらも、それがどんどん積み上がっていくことで女性の魔力に憑りつかれ重量感をもって沈み堕ちていく様子が、音程の下降によって表現されている。いわば軽さと重さの価値転換が起きてしまうという、ヒップホップのそういった不思議さに関心があるので、久世さんとは真逆にいるのかもしれないです（笑）。

久世：なるほど、そうかもしれないですね。それはある意味では僕より言葉好きですね（笑）。

つやちゃん：今日のこの対談を経て、そういう意味では空っぽなものを好む自分自身に日本人としてのアイデンティティを自覚し始めているかもしれません。

久世：はい、僕なんかは究極どうしたら世界は良くなるんだろうというナイーブな想いを抱えながらヒップホップを聴いていて（笑）。
僕はヒップホップに現実の反映からもう一歩踏み込める何か、それは希望でも絶望でも、喜劇でも悲劇でも良いんですが、そういう何かを常に期待しているんだと思います。

つやちゃん：久世さんのスタンスがすごくよく分かりました。今日の久世さんの視点を元に、これまでと違う角度からヒップホップを捉えてみたい気持ちも生まれました。

久世：はい、僕の方も制作段階で言葉それ自体の意味、価値を志向して欲しいという想いが大きく出過ぎているかもしれないです。
軽薄なもの、ナンセンスなものが持つポテンシャルについてはほとんど検討してこなかったので、今後はそういった見方もしてみようと思います。
また批判されうるナンセンスなものとして例えばサンプル・ドリルを少々悪者にはしましたが、大きく開いていく、価値を見出していくためであれば否定的な言説から入るのも面白いかもしれないと思いました。そう始まった今回のお話で、僕が現状批判的なものでも長い目で見て変化を期待する余裕は残しておこうという気持ちにもなりました。
では今回は長い間お話させていただき、本当にありがとうございました。

つやちゃん：こちらこそ、ありがとうございました。

私とカニエ・ウェスト、その葛藤

久世

はじめに

カニエ・ウェストは終わってしまったのだろうか。

自身のブランドYeezyとGap、Balenciagaとのコラボレーション「Yeezy Gap Engineered by Balenciaga」に加え、信仰と母に捧げるクリーンなアルバム「DONDA」に続く「DONDA 2」を発表し、Coachella 2022のヘッドライナーに抜擢され、ジュリア・フォックスとの交際を開始。そんな上昇的な機運が大きく高まりつつ幕を開けたカニエ・ウェストの2022年は、思わぬ方向に向かうこととなってしまった。

ただよくよく振り返ってみれば、こうなってしまうことにも合点がいく。

ロサンゼルスでファンを殴り、キム・カーダシアンを巡ってピート・デヴィッドソンを激しく罵り、ジュリア・フォックスと破局、ビリー・アイリッシュに理不尽なディスを飛ばし、長年の友人であるキッド・カディとの一方的な仲違いをしたのも2022年が始まってわずか2ヶ月間の出来事だ。

そこから精力的に活動しながらも些細な軋轢を生み続け、"BLMは詐欺だ"としながらネオナチや白人至上主義者と口を揃える「White Lives Matter」Tシャツにユダヤ陰謀論を唱え、あらゆる契約が打ち切られることとなった悪夢の10月へと繋がっていく。

本稿では彼がなぜこうなってしまったのか、そして私たちは彼のような存在とどう向き合っていけばいいのだろうかという素朴な葛藤を記しておきたいと思う。

そのためにはまずカニエ・ウェストを取り巻く大きな要素、アメリカ、キリスト教、双極性障害、反権威主義、反人種差別、陰謀論等々とその結びつきについて検討しておかなければならない。

カニエとアメリカ

まずカニエは、神の国アメリカの実現を強く志している。ゴスペルアルバム「Jesus Is King」に次ぐ「DONDA」の前身のタイトルは「God's Country」であった。

ゆえにカニエは神の国の実現、復興のために「偉大なるアメリカ」を掲げるトランプの純粋なる政治的態度にまんまと引き寄せられた。

また2020年にはバースデー党を設立し、自身が大統領選に出馬した。そこで語られた目標は"神を信じ、ビジョンを統一し、未来を創造することによって今こそアメリカの約束を実現しなければならない。"といった内容だった。[1]

具体的にはアメリカ第一主義を掲げるキリスト教民主主義による政治を目指し、小さな政府と刑務所改革、またキリスト教的な生命倫理のもとに死刑や人工中絶に懐疑的な立場を示した。

ここではカニエの宗教右派的な思想が胚胎しており、黒人の人工中絶が民主党の策略であるかのようなほのめかしや、白人至上主義者の陰謀を唱えた。また福祉国家が黒人家族を国家に依存させ、体制を維持するためのツールだとも主張している。

カニエの思想や主張の正当性はさておき、カニエの黒人コミュニティに対する想いは本物だっただろう。以前"奴隷制は選択だった"と発言したことにより物議を醸したが、これも黒人の自尊心の欠如を批判し、精神革命を志向する黒人右派的でハイコンテクストな発言であったと理解できなくもない。

また無神論的な有神論、つまり道徳を先立たせる近代的な宗教をおよそ獲得していない特異な国であるアメリカは、キリスト教を根底に持つ「反知性主義」が蔓延していると言われている。

森本あんり「反知性主義　アメリカが生んだ「熱病」の正体」[2]では、そのことが鋭く指摘されており、ここでは反知性主義を反権威主義とほとんど同義語として用いている。

神の前では皆平等というラディカリズムのもとにある霊性の称揚は、知性と権威の結びつきに批判的であるがゆえに学術的なアプローチさえ容易に乗り越えてしまう。

またアメリカにおいてこうした反権威主義はタスキギー梅毒実験やウォーターゲート事件といった歴史的背景を伴って一定の正当性を帯びており、これがカニエが支持、標榜するようなアメリカ第一主義に基づく強固な対外政策に、そして陰謀論にも繋がっていく。

またこの単純で分かりやすい敵と味方の対立関係に陥りがちな反知性主義のアメリカでは、それを右派的な傾向だと断定はできない。

今日では左派においてもポリティカル・コレクトネスやキャンセルカルチャーといった反知性主義に陥りやすい対立関係が批判的に論じられており、高められた被害者意識それ自体をアイデンティティとすることによって道徳的地位を高め、議論における非対称性が生じていると指摘されている。[3]

つまりラディカルな神の前で「平等」の名のもとにある知性と霊性の対立は、ラディカルな「被害」の名のもとにある感性と知性の対立と並行してアメリカの亀裂を深いものにしている。立場が異なるとはいえ、この党派性を持ったラディカリストたちは、アメリカにおけるキリスト教と集団思考が孕む権威性には無自覚であり、容易に、かつ独善的に善悪を二分させる思考パターンを有している。

このことをカニエ・ウェストという人間に例に考えると、カニエは主に黒人であるというマイノリティ性をもとに「被害」を霊性に反する知性への反逆心を伴って独善的に発見、拡大させている。(それはしばしば共和党の政治的策略に絡め取られている。)

そしてのちにこの被害者意識の矛先があらぬ方向に向くことになってしまったのである。

またカニエの良いところは強烈なナルシズムに起因する党派性の欠如であるが、それも今日では右派イデオロギーに都合の良い形で併合されてしまった。

カニエとキリスト教

「Jesus Walk」という楽曲でデビューしたクリスチャンラッパーであるカニエ・ウェストにおいてキリスト教とはどんな形で、どんなものなのだろうか。

あらゆる意味でアメリカ的であるカニエのキリスト教理解を検討していくためには、まずアメリカにおけるキリスト教とはいかなるものなのかということを検討しなければならない。

前述のように聖性を失い、俗なる道徳宗教と化した近代的な形ではないことは確かであり、かつかといって中世的な様態をそのまま引き継いでいるものであるとも思えないアメリカのキリスト教は、異様に土着化したものだと言われる。

それは「契約神学」が大いに強調された形であり、人間と神が信仰と祝福という相互の義務を履行する対等な関係性を結ぶ、別の意味で俗なるキリスト教理解がアメリカのそれである。

それはアメリカの今日の発展から個人の成功に至るまでをいわば必然化する論理であり、倒錯的に"神の祝福を受けている(経済発展している/成功している)ならば、正しい"とされてきたことが指摘されている。[4]

つまりこの論理はヒップホップが未だその存在を留保しているアメリカンドリームを信じうるものにしており、ラッパーたちがトランプを多く支持したのも頷ける部分がある。(トランプはバイデンと比べたら"スペシャル"である。)

カニエは自らの双極的不安感を固定させ、成功を根拠づけるために、キリスト教本来的で謙虚な「God did」を容易に口にしない。

「I Am a God」を宣言したカニエにとって自身は神と人間のハーフであるがゆえに"人生は神の手の中にある"というセリフは決定論的には響かない。全ては"神から預かった権利"なのである。こうであることが偶然であってはならないのだ。

カニエは"神に完全に服従することによって「主体」を獲得した"[5]のであった。

このようにまさしくアメリカ的キリスト教徒であるカニエは、神の子として、皆を祝福しなければならない。少なくとも、赦さなければならない。

例えばカニエの同性愛者に対する態度はリベラルだ。キリスト教において、また特にヒップホップコミュニティにおいて同性愛者を侮蔑の対象として扱うことに早くから意義を唱えていた。

またBLMが活性化する発端となった警察の残虐行為に対処すると言いつつも、"警察もまた人間なんだ。"と語った。

これらは"汝の敵を愛す"ためにキング牧師が説いたような"最悪な人間にさえ善の欠片が存在する。"といった言葉にも近い。この過剰な全人類（ユダヤ人を除く）に対するアガペーが、カニエにおいては「DONDA」客演のダーティな彼らを形式上クリーンにすることであり、「White Lives Matter」という思想の萌芽であり、"俺はヒトラーが好きだ"という発言にまでねじれていくのであった。[6]

カニエと双極性障害

カニエにおいてキリスト教、信仰が成功を根拠づけてくれるものであるとしたら、カニエの8枚目のアルバム「ye」のカバーアートに記された"I hate being Bi-Polar it's awesome"という言葉はマイナスをプラスにし、双極性障害を根拠づけてくれるものでもあった。（事実、双極性障害のような精神疾患と創造的才能の関係はアリストテレスから病跡学という学問体系を形成するに至るまで数多く指摘されている。）[7]

階級の上昇を目指すラッパーの多くは七つの大罪の一つであるメランコリーを悪魔とし、それと戦っていくためのタフなストーリーを構成するのであるが、カニエはメランコリーに食い尽くされる様をそのまま表現し、レジリエンスを獲得するための動機づけを創造によって模索していった。（これは病跡学における本来的なアーティスト像である。）

またこれまで数多くの失言、失態を犯してきたカニエだが、その原因を彼の双極性障害に求める声も大きい。

実際に認知療法の場であげられる躁鬱病患者の思考パターンはカニエのそれとほど近い。

例えば思考の飛躍と極端な思考、レッテル貼りをしやすいことや不合理な信念を抱きやすい傾向が指摘されており、[8]まさに今まで辿ってきたカニエとアメリカとキリスト教との関わり合いの中で胚胎した思想は、双極性障害によって過剰な形で立ち現れうるのである。

そしてそれはカニエが選んだヒップホップという政治的かつ過剰な芸術体系によってさらに増幅しうるだろう。

さらに黒人心理学に基づく"アフロセントリックなメンタルヘルスの概念化"を主張するミシガン大学のケヴィン・コクリーは黒人心理学者ナイム・アクバーの議論を引き合いにカニエのメンタル状態を"黒人が反黒人性を内面化する"形での自己破壊的な精神障害を当てはめながら論じている。[9]（カニエの今日の言動についてはカニエ自身を白人至上主義者であるとする議論も多くある。）[10]

また精神分析的な思想体系に決定的な影響を及ぼしたダニエル・パウル・シュレーバーによる「ある神経慕容者の回想録」を診断したフロイトの論文では、統合失調症や双極性障害に自己愛神経症という基礎疾患が想定されている。[11]

これは自己を対象として愛するナルシズム的な態度によって外界に対する関心が消滅し、外界そのものが崩壊してしまう疾患である。そして外界を作り直すために内面にある抑圧を妄想として外界に回帰させる機能（投射）が働くことになるとフロイトは論じている。

この投射の帰結は様々な認知のズレを生むことになり、現実世界との軋轢を生むこととなる。

こういったナルシズムに伴う外界、他者との分断(内面的な孤立)はアメリカのニューエイジ運動とも絡めて論じられており、福音を広めると同時に信仰それ自体の重要性を説くスピリチュアル要素を多く含んだカニエにも当てはまる部分はあるだろう。(カニエは過去リリック中でアラーを信仰したり仏教を引いたりしている。)

そして自己愛神経症を根底に持つとされる双極性障害は、投薬治療では一時的な改善しか見られない可能性が高いとされてきた。そこでそれらにどう対処するかといえば認知療法である。メンタルヘルスという観点で見れば、投薬治療の経験を語り、信仰さえあまり役に立たなかったとさえ思えるカニエの現状を鑑みても、認知療法で少しずつケアしていく他はないだろう。
オープンダイアローグなど対話を重ねる方法はその好例であり、メンタルヘルス一般において対話相手、もしくは聞き流してくれる人間の存在は大いに役に立つ。
しかし今のカニエにそういった人物はいるのだろうか。

「White Lives Matter」という現実逃避

ここまでカニエの周辺からカニエ自身を理解しようと試みてきた。
では間違いなくキャリア最悪の状況にまで落としてしまった言動を具体的かつ批判的に振り返っていこう。

2021年の後半からキム・カーダシアンとの離婚騒動も相まっておそらく精神的にあまり良くなかったであろうカニエは、2022年10月、一つ目の大きな出来事を起こした。
Yeezy Season 9の発表イベントにおいてあの「White Lives Matter」Tシャツを着て現れたのである。

前述のように「White Lives Matter」はBLMに反する右派にありがちな反応であり、その筋で見るのであれば下劣でくだらないものであろう。
ただカニエは人種差別それ自体を語ることやBLMを分断を煽るものとしてあまりよく思っていないようであるため、カラーブラインドを人種主義に抗する方法として採用した可能性もある。

そういったビジョンでなされる「White Lives Matter」や「All Lives Matter」という反応は一見正当性を持っているように聞こえてしまうが、事実肌の色を理由に差別され、命まで奪われる現実に対してそういった言葉を投げかけるのは見たくないものから目を逸らすことである。現実において「All Lives Matter」であるならば、黒人の命が不当に奪われるはずがないのである。
カラーブラインドは私たちが目指すべき場所であり、人種概念は現実に即して一度は引き受けなければならないのだ。

実際にカニエがいかなる理念で「White Lives Matter」を唱えたのかは定かではない。言論の自由と信仰の自由を踏みにじろうとする科学や左派の言論に抗したものかもしれないし、BLMが民主党によるテロ行為だとする陰謀論を信じたのかもしれない。
そのいずれにしてもここまではカニエ自身が黒人であったために決定的な打撃にはなりえなかった。
そこからカニエは黒人の人工中絶や健康問題についていくつかの陰謀論を唱え続けた。[12]

ユダヤ陰謀論へ「結晶」

そしてここまで振り返ってきたカニエ・ウェストの構成要素が最悪の形で一つになることとなった。"ユダヤ人にデスコン3を行う"とツイッター上で宣言したのである。

アメリカはユダヤ人を最も受け入れてきた国であり、今日ではユダヤ人人口の約40%が暮らしているとされている。しかし、ここでも差別と無縁であったわけではない。

またキリスト教会においても伝統的な「高利貸し」というユダヤ人観が支配的であったため、反ユダヤ主義はその成り立ちからして劣位の対象として見る差別に留まらない政治的な意味を持っていた。[13]

このことはヒップホップの政治性と絡み合い、多くの反ユダヤ的リリックが見られることとなった。有名なところでいえばワシントン・タイムズ誌において情報相プロフェッサー・グリフの反ユダヤ的発言やリリックの内容が問題となったPublic Enemyのそれがあげられるだろう。（闘争やそれに伴うメッセージ性という概念それ自体に物事を単純化させる効果がある。）
そして世相を反映するヒップホップというポピュリズムがそれを受け入れているということには、反ユダヤ主義の不可視性と根深さが表れている。

ただ事実として、ヒップホップの発展にユダヤ人の関与は必要不可欠であった。（そのことは先行研究において繰り返し指摘されている。）[14]
また公民権運動においてもアメリカ・ユダヤ人は積極的な姿勢を見せており、公民権運動に参加した白人の半分から三分の二はユダヤ人だったとされている。ユダヤ人にとってもキング牧師はヒーローであったのだ。
公民権運動の場では黒人たちが出エジプト記になぞらえて自らの境遇を語ったように、ユダヤ人の歴史を黒人の歴史と結びつけ、連帯を強固にしていった。
しかし同時に、両者は対立関係を維持しうるような構造の元にあった。

その対立は特定の白人エスニック集団が白人性を獲得するために黒人を差別し、差異化するために利用してきたことを指摘する論文はホワイトネス研究として学問体系を形成することとなった。
もちろんユダヤ人のコミュニティを能動的に白人化していったエスニック集団であると断ずることは難しいが、ホワイトネス研究の文脈においては黒人の存在によって（主に南部の）ユダヤ人たちは偏見や差別から逃れられていたことに自覚的であり、様々な反ユダヤ主義に起因する事件を経験した恐怖心から白人の側に立つことを選択したとされている。[15]

また別の観点ではアメリカ社会に溶け込むために自身のアイデンティティを秘匿し、同化することによって反ユダヤ主義から逃れようとしたユダヤ人が逆説的にユダヤ教に起因する排他的な民族意識を高めていったことも指摘されている。
周囲の反ユダヤ主義によって引き起こされる自己嫌悪は黒人差別によって引き起こされる黒人の自尊心の欠如とも構造を同じくしているが、ユダヤ教の影響下ではその防壁として選民思想が存在するのである。それが差異化を強く促し、黒人差別に繋がっていったとする議論もなされている。[16]

アメリカにおける白人化されたユダヤ人観、つまりユダヤ人がホワイトネスの階級的頂点に立つとする見方は黒人たちに闘う動機を与えていた。Public Enemyやネイション・オブ・イスラムにおける反ユダヤ主義はそれである。

ただ黒人と白人の融和をラディカルな形で推し進めようとするカニエにとってのユダヤ人とは、黒人も白人も関係なく世界をコントロールする決定的な支配者であり、その意味で白人至上主義者との連帯でさえあったのだ。（いずれにしてもアメリカにおける反ユダヤ主義は古典的なステレオタイプに基づくものが大きい。）
カニエのマイノリティ性は黒人であるということであり、祖国を持たない"抜きん出たマイノリティ"であるユダヤ人への憎悪は、黒人であることやヒップホップという土着的文化のマジョリティ性が表れる場所なのかもしれない。

またサルトルは反ユダヤ主義を"社会の階級による分割に反抗して、国家的統合を実現するための情熱的努力である"と述べているが、[17]カニエのそれは大統領選におけるビジョンを鑑みるに、まさにその類型であろう。
もっといえば"分裂をたった一つの分裂に集めてしまおうとすること"、"金持ちと貧乏人、勤労階級と有産階級、法的勢力と潜在勢力、都会人と地方人などの差別を全て一緒にして、ユダヤ人とユダヤ人でないものとの対立にすり替えてしまうこと"である。[18]
ともかくもっともらしい理由で黒人の中で優勢な意見と距離を置き、世界をユダヤ人の支配といった形で単純化しながら白人性の獲得に乗り出したように思えるカニエ・ウェストという存在は、アメリカにおける人種差別の根深さと出口のなさを物語っている。

そうした卑劣な世界さえ神が作り上げたものとして、神聖な必然として扱う聖性はアレントにおいて糾弾されている。[19]
アレントは「全体主義の起源」の中でその卑劣さ、例えば全体主義の成立を「結晶」という言葉で表現している。アレントは偶然的な諸要素が偶然的に絡まりあって成立すること、つまりどういった条件で「結晶」するかということを常に探求していた。

カニエが自身を構成する諸要素によってこう「結晶」したのはもはや残念だという他ないが、いか様にも「結晶」しうる私たちはその意味と力学を学ばなければならない。

おわりに

「White Lives Matter」にユダヤ陰謀論といったありがちな思想を極右メディアで垂れ流すカニエに期待できる革新はもはやほとんど存在しない。
ファッション業界から追放されことも、音楽そのものよりもっと根本的な革新を目指し、アップデートとリスナーの創作を前提に未完成のままリリースされた「DONDA 2」に対しても、期待できる要素はほとんど残されていないだろう。

ただ私たちはカニエを閉め出して安心してはならない。
なぜなら陰謀論的なものには、キャンセルされるべき非合理な理念であるそれをキャンセルすることによってその非合理に一定の合理性を与えるような力学が働いているからだ。
つまりカニエはキャンセルされなければならなかったが、カニエをキャンセルしたことによって陰謀論はより強固に広まりうる。

またカニエのような人物を敵として盲目的に攻撃するのも複雑な世界を単純化して二分するような反知性主義に通じうる。
ニーチェは「道徳の系譜学」において"これまで人間を覆ってきた災いは、苦悩することそのものではなく、苦悩することに意味がないことだった。"と語った。[20]
例えば創作というナラティブ化は苦悩を動機づけ、「敵」や「悪」との闘争に駆り立ててくれるがゆえに精神の安定をもたらす。
中世的な宗教という聖なる陰謀論から今日の俗なる陰謀論も物事を単純化させてくれる。

世界の複雑さと矮小さに二重で苦しんでいるカニエは、不安を固定させるため大文字の「信仰」に傾斜し、それがその背景を慮ることさえ躊躇われるような露悪的な結末を辿った。
しかしぼんやりとした不安で覆われる現代ではいつ誰が「カニエ・ウェスト」に「結晶」するかは分からないのである。

ここに私たちそれぞれが交換しえない存在であり、かつ完全なる置き換え可能性を留保した存在でもあることが実感を伴ってくる。
しかし私たちは自由意志をあることにしなければならないのだ。中世において善悪は神、つまり宗教教義によって判断されていたが、カントが掲げた道徳宗教とニーチェの宣言によって神が死んだ近代では、善悪をもっと確かな根拠に依るために自由意志を信じた。
神という虚構が自由意志という虚構に移り変わってあること[21]に自覚的な現代を生きる私たちには、本質的には誰も罰しえないということが理解されている。

それでも罰しなければならない。少なくとも社会のためにそうなってしまった人間は排除しなければならない。そしてこれらの事実から目を背けてはならない。
この知性と社会性の対立がもたらす居心地の悪さの上に在り続け、無為なる内的闘争を続けながら、何ら正当性を持たない有意義な加害を続けていかなければならない。
そんな生を引き受けようとした人間が破滅も過剰も引き起こさないということは、ほとんどありえない。

ついに「Runaway」を達成したカニエは、私を置いていってしまった。

注釈

1　https://www.forbes.com/sites/randalllane/2020/07/08/kanye-west-says-hes-done-with-trump-opens-up-about-white-house-bid-damaging-biden-and-everything-in-between/?sh=1fecef5d47aa

2　森本あんり「反知性主義　アメリカが生んだ「熱病」の正体」新潮社　2015年

3　グレッグ・ルキアノフ、ジョナサン・ハイト著　西川由紀子訳「傷つきやすいアメリカの大学生たち　大学と若者をダメにする「善意」と「誤った信念」の正体　2022年

4　森本あんり「宗教国家アメリカのふしぎな論理」NHK出版　2017年

5　柄谷行人「日本近代文学の起源　原本」講談社　2009年

6　https://www.standard.co.uk/news/uk/kanye-west-ye-2022-twitter-controversy-b1045264.html

7　Kay Redfield Jamison著「Touched with Fire: Manic-Depressive Illness and the Artistic Temperament（未邦訳）」に詳しい。

8　厚生労働省「うつ病の認知療法・認知行動療法」https://www.mhlw.go.jp/bunya/shougaihoken/kokoro/dl/04.pdf

9　https://www.psychologytoday.com/us/blog/black-psychology-matters/202210/the-self-destruction-kanye-west

10　https://edition.cnn.com/2022/10/04/entertainment/kanye-west-runway-controversy/index.html

11　松本卓也、加藤敏「症例Schreberの診断にみる力動的精神病論の再検討」精神神経学雑誌　第111巻第9号　2009年

12　https://www.forbes.com/sites/marisadellatto/2022/12/02/kanye-wests-anti-semitic-troubling-behavior-heres-everything-hes-said-in-recent-weeks/?sh=7558863b6de3

13　牧野雅彦「精読　アレント「全体主義の起源」」講談社　2015年

14　一例としてネルソン・ジョージ著　高見展訳「ヒップホップ・アメリカ」ロッキング・オン　2002年

15　北美幸「「白人性」議論のユダヤ系アメリカ人への適用の可能性」九州大学法政学会　2004年

16　ヒレア・ベロッグ著　渡部昇一監修　中山理訳「ユダヤ人　なぜ、摩擦が生まれるのか」祥伝社　2016年
　　市川裕「ユダヤ人とユダヤ教」岩波文庫　2019年

17　J.P .サルトル著　安堂信也訳「ユダヤ人」岩波新書　1956年

18　同上

19　ジュリア・クリステヴァ著　青木隆嘉訳「ハンナ・アーレント講義」論創社　2015年

20　フリードリヒ・ニーチェ著　中山元訳「道徳の系譜学」光文社古典新訳文庫　2009年

21　小坂井敏晶「増補　責任という虚構」ちくま学芸文庫　2020年

Lil Uzi Vert「Eternal Atake」という特異点
～2022年USヒップホップにおける場所と身体、モチーフ、幽霊について～

久世

はじめに

ラップ・ミュージックにあったのは「わたし探し」という実存的な問いではなく、とりわけ強固なわたしを形作ることであった。しかし、ふとした瞬間に立ち現れる実存の叫び、その多くの場合に当てはまるニヒリズムは、現代のラップ・ミュージックまで引き継がれる本質的なものの一つとみなすことが出来るだろう。
またそうした方法は広く「エモラップ」によって大きく刷新されたが、それすら新たになりつつあると同時に、臨界点を迎えつつある。

ミレニアム世代からZ世代に至るまでの不安感、社会の持続可能性に懐疑的なもの、衰退論が広く取り立たされる中、大きな変革、ラディカルな正義の必要性は殊更に強調されてきた。またそういった「感覚」への対抗言説として、革命とその必要性、つまり世界の速さは統計学や経済学的な手法で否定されつつある。
そのいずれにしても誰もが憧れた世界の終わりが容易に訪れないということが、薄々実感を伴ってきている。

メンフィスを舞台にハスラーがラッパーになる過程を描いた映画「Hustle and Flow」で主人公のD Jayは、"いつの日か、このクソみたいな場所全てが無くなるんだ。このクラブ、この街、このアメリカ全体が、塵と化すんだ。そしてそこから全く新しい文明が誕生するんだ。"と歴史を一巡させるためのニヒルな希望を語った.[1]

しかし今日のラップ・ミュージックにおいて、この漸近的な、あるいはもはや途切れてしまった歴史の円環は、極めて個人史的な終末論で、熱狂を帯びたノンモラルで無理やり繋ぎ合わされた。それは決して円環を巡らせる方法ではない。ただ一刻も早く、「コレ」を終わらせる方法だ。
アナーキズムに共産主義等々における文学的希望、アメリカの力で作り上げられる文化的希望、回心や内省のアイデアによる宗教的希望、あるいは前述の実際的希望に対する「彼ら」の応答はただ一つ、"だからなんだと言うのか。"
それらは生の退屈、人生におけるぼんやりとした不安にはさほど対応していない。
そしてこの新たな、絶望的な「パンク」は、「革命」でも「反抗」でも「乗り越え」でもない。「ユートピア」でも「ディストピア」でもない。
とにかく明日を夢見ないこと。今を消費しきること。

そんな諦念と気分変調症を熱狂的なノンモラルで引き受けたのがRAP TO INSTRUMENTALの体現者たるアトランタ出身のラッパー、Playboi Cartiである。
例えば彼のアルバム「Whole Lotta Red」では、シンセサイザーの過剰と複雑なハイハット、808による唸る低音という「不自然」をベイビーボイスと特異な発声によって増幅させ、雑多なアドリブと陳腐なリフレイン、フィクショナルなペルソナの中に身体を隠した。
拝金主義者であり、過剰な情欲があり、殺人中毒者であり、リーン中毒者であり、"アベレージなんていらない"とのたまいながら決して満たされないニヒリストである彼の実存は、それらの方法によってメタレベルで隠されている。
ゆえに "銃なしではどこにも行けない"、"この場所から抜け出せない"、"俺は変われない"など語られる不安と苦しみ、音楽業界に対する疑念や愛の萌芽は、自己破滅的なロックスター像によって破壊されながら、次の瞬間には辺りをたゆたう記号になっていく。

またあえて言葉を追うと、数秒の耐え難い沈黙の後に始まる「Place」では、ザナックスの副作用に絡め、"自分の顔を感じることが

できない"とスピットする。

彼の双極性を表す「ILoveUIHateU」でも、リーンの製造工程にかけて"死の床に転がるまで、全ての問題とプロメタジンを混ぜ合わせる"とニヒルで無鉄砲な詩を紡いでいく。

そこから「Not Playing」において、"嘘はつけない。人生は素晴らしい。"、"俺はもうこれ以上演じない"と宣言しつつ、アウトロの「F33l Lik3 Dyin」では、"俺は偉大なオールスターの一人だ。落ちることはできない。堂々と立つ。追い詰められている。全てにファックだ。死にたい気分だ。"と破滅的な詩で終わらせる。(ここで"いっそ死んでしまいたい気分だ"などと訳すのは不適だろう。彼の死への欲動は、もはや後ろめたさを孕んでいない。)

分裂したアメリカの産物であるヒップホップは、総体としてのみならず、個を、つまり身体を、一人称を分裂させる。ラッパーの身体は引き裂かれ、詠われ、秘匿されてきた。(それはDrakeを起点にさらに増幅している。)

いずれにしても中庸を失い、感情のアンプ的性質に歯止めが効かないラップ・ミュージックに、その世代に色濃くなった双極的な不安感は強く共鳴するだろう。Carti自身も「Die4Guy」において、"俺はお前の兄弟だ"と彼をカルト的に愛するリスナーにシンパシーを感じている。

もちろんこれらエモとノンモラルの統合、快楽主義的ニヒリズム、個人史的にありながら普遍的であること、つまり時代や世代に対する迎合性を2020年代風の方法とするのは尚早であり、そもそも現代において同ジャンルであれプロダクションを超えた方法を総体として語るのは偶然性を無視した恣意的なナラティブ化に他ならないが、「Whole Lotta Red」と同年にリリースされたLil Uzi Vert「Eternal Atake」の方法を合わせて検討していくと、場所、身体、モチーフという三つの要素から2022年の作品をそれぞれ位置づけていくことが可能になる。

またここでは便宜上、創作の動機という意味を超えて、素材、テーマ、そして作者という要素を繋ぐために導入される概念を「モチーフ」とする。ラップ・ミュージックの方法に倣えば、アルバムという単位を作品概念として引き受けた際、それを通して行われるワードプレイと換言してもいい。(ただその概念も作品を容易にナラティブ化し、粗雑さをも根拠づけうる。ゆえにそれを批評のスケールとするにあたっては、強く警戒しなければならない概念でもあるが。)

Lil Uzi Vert「Eternal Atake」

Lil Uzi VertはPlayboi Cartiと並べ語られることが多いラッパーである。サウンドもさることながら、あらゆる意味で非革新的な消費主義的リリックと主にフックで挿入される押韻をさほど気にしないリフレイン等々もそうだ。(Complexでは彼を"気取りもギミックもないラッパー"として悪意なく紹介している。)[2]

またCartiのベイビーボイスと同じように、Lil Uzi Vertのオートチューンやファストフロウも身体を隠ように機能している。(声に対するエフェクトとして使用される)オートチューンは、マーク・フィッシャーが欠点を消去する不自然な自己強化として、またそれに伴う消費主義者や快楽主義者における倒錯的な正常性として引き受けているように、脱身体的でありながら、かつ倒錯的に非享楽的でもありうる。[3]

ゆえに二人の間を大きく隔てるのはエモラップ的要素とその方法だろう。ギャングスタ的、つまり場所における死や暴力に対する不安を口にするPlayboi Cartiに対し、Lil Uzi Vertは往々にして卑近で普遍的な不安を物語る。
つまり両者ともに身体は隠されているが、Lil Uzi Vertにはおよそ場所がない。そしてその場所を宇宙に見出したのが「Eternal Atake」の特異性である。

その意味で、Lil Uzi Vertにおける宇宙というモチーフは決定的だ。(宇宙というモチーフそれ自体はさほど珍しくはないが。)
まず「Eternal Atake」にあるのは物質の過剰である。そしてそれに反する欠乏である。
こうした喪失の感覚、退屈の第二形式はヒップホップにおいて特に盛んな形式であり、再びマーク・フィッシャーにおいて、"ドレイ

クとカニエ・ウエストはどちらも、度を越した富にまみれた快楽主義の核にある悲惨な空虚さを探求することに、ぞっとするほど病的に執着している"と語られる。

フェルナンド・ペソアにおいて"ああ　僕であるまま　おまえになることができたなら！"[4]と語られるようなジレンマは、（ヒップホップにおいて特に）素晴らしき物質の過剰によってさらに逃げ場を無くすことになる。

またこういった過剰による喪失のモデルは、SNS世代における情報の過剰による喪失の感覚、あまりに広く目が開かれてしまうことによって萌芽する不可能性から自身を匿うためのニヒリズムと通底している。私たちは計らずともパーティーに興じなければならず、過剰によって引き起こされる散漫な意識は退屈を少しも和らげず、このダイナミズムを御することなど出来ないというニヒルな感覚が広がっていく。

こうした未来への喪失感には多くノスタルジーという方法、もしくはパーティー憑在論という語に指摘されるように、古い形式をテクノロジーで分かりづらくすることで未来を夢見る方法がとられてきた。KanyeやDrakeにおける飽和による喪失は、「手に入れたあの時」に対する郷愁にもほど近い。そしてその快楽主義、飽和、夢が叶うことによる喪失の感覚は、未だ叶えることができぬ私たちの喪失をさらなる谷底に突き落とした。

ただLil Uzi Vert「Eternal Atake」のサウンド自体は未来志向にも聴こえる。

もちろんここで言う「未来」が七十年代のシンセサイザーによる実験性を引き継ぎ、"シンセサイザーがもはや未来を暗示することがなくなっている"としても、少なくともその感覚においては、よりフューチャリスティックなサウンドであると言っても良いだろう。

例えばサイモン・レイノルズもこうしたトラップ・ミュージックにはメランコリーなノスタルジー、Vaporwaveのような憑在論的なものをおよそ認めていない。[5]

トラップ・ミュージック本来的な「場所」を喪失し、不自然が多様な方法で高められながら「身体」を喪失し、反革新的でありながら未来志向であり、過剰と喪失が交互に語られるLil Uzi Vert「Eternal Atake」において、自然ながら超自然的な、何にもまして在りながら意識のうちに存在しないような、欠乏しながら過剰でありうるような、数多くのアンビバレンスを孕んだ宇宙という「モチーフ」は、決定的だ。

では実際に、この作品における宇宙というモチーフに対するアプローチを見ていこう。

「Eternal Atake」という語の意味は「永遠に追い越すこと」であるとUzi自身が説明しているが、序盤はジュエリーやスポーツカー、ファッションアイテムを絡めた消費主義とマチズモに溢れるボースティングといった反革新的、ノンモラル的リリックである。ただ彼は常に何か（おそらくUFO）から逃げ続けており、「POP」でついに誘拐され、「Homecoming」で解放される。

そこから「I'm Sorry」ではガールフレンドに対する謝罪とそれに伴って"何もかもが最悪だ"、"こんなの計画外だ"とエモラップ的展開をみせる。またここでも宇宙のモチーフは引き継がれており、UFOから解放されたは良いものの、"俺はいまハイすぎて着地できない"と物質の過剰とドラッグの作用による超現実を宇宙の「高さ」にかけて表現する。

さらに"人生の全ては書かれている"と決定論的なニヒリズムと拝金主義が乱立しながら紡がれるバースは、"俺の人生には欠陥がある"、"俺は不運だ"とまさに実存のジレンマが惹起し、"彼女は俺の存在から追放だ"と今度はUziがガールフレンドを解放する。

続く「Celebration Station」では、ファストフロウと過剰なライフスタイルをかけて"俺はゆっくり出来ない"と否定的なニュアンスを含みつつ表現し、未だ地球には帰れていない。

哀愁漂うコーラスとアコースティックギターを背に"俺は何百万ドルも稼いだんだから、何も考えることは無い"と宣言する「Bigger Than Life」では自責の念が悲痛に語られ、宇宙にかけて"俺はSpaceを使い切ってしまった"と装飾品を身体中に身に着けることを"ロックスターゴール"とする彼には悲壮感を感じざるをえないだろう。（これも過剰による喪失のメタファーだ。）

そこから物質主義を根拠づける周囲の人間に対する不信感を口にする彼は、ボタンを押してついに"暗闇の世界"、つまり宇宙を抜け出す。

そうして彼は"火星人"のガールフレンドを、彼のスタイルを模倣する他のラッパーにディスを飛ばしながら"俺は宇宙から来たんだ"とラップする。

このラインは他のラッパーに対するマウンティングにも、"俺はビッチもあいつらも信じない"とする彼の疎外感にもかかっている。

そして「Secure the Bag」において"分からないんだ。理解しようとしてるけど、何も意味をなさない。このアルバムをドロップすること、それが全てだ。"と語られながら幕を開けるアウトロの「P2」では、"俺は大丈夫だ。俺の金は大丈夫だ。"とラップする。

しかしそこで語られるのは恋愛関係の不和であり、仲間の喪失であり、拝金主義の弊害、過剰による感覚の欠乏("money make me numb")である。

"俺の人生は長い1日みたいだ。俺はただこの瞬間を生きている。"

宇宙は過剰、疎外、欠乏でありながら、ユートピアでありうる。なぜなら宇宙は今日まで引き継がれる何か、例えば場所、それに伴う身体を、切り離すことが出来るからだ。

ゆえにLil Uzi Vertにおいて宇宙は引き裂かれた身体を、実存的なジレンマを引き受ける場所であり、倒錯的に郷愁が立ち現れる場所となった。

しかし彼は過剰に浴することの出来た、疎外を動機づけ、正当化することの出来た宇宙から解放されてしまった。

このアイデンティティ意識も階級意識もほとんど見られない極めて個人的な作品には、「些事」に苦しむ私たちと直接の共時性が表れている。例えば観念としてある戦争より、実際的な平和が苦しいという状態を否定できないほどに。

先述の「Whole Lotta Red」においてもそういった小さな苦しみは多く見られる。

詳細な説明はないが、ローリングストーン誌はこの作品を"「吸血鬼ノスフェラトゥ」に対するZ世代の回答"と結論づけている。[6]

しかし、「吸血鬼ノスフェラトゥ」においてホラー映画らしからぬ鮮明な映像技術によってなされた吸血鬼像は、Cartiが導入する身体にモヤのかかった吸血鬼像とは異なる。

つまりCartiは煙となった吸血鬼の塵芥を纏い、日の光で消滅できなかったことを嘆いているのである。それは動的なもの、希望的なもの(終わり、死さえも)を失った私たちにも繋がっていくのだ。

Lil PeepやXXXTENTACIONに代表されるサウンドクラウド・エラの主題はメンタルヘルスのその先であり、ドラマティックなものを失った「今ここ」が、いつ終わってくれるのかである。

そしてそれが容易に終わりえないことが分かりつつある(殺される心配が大きくない限りでの)今日的なラップ・ミュージックでは、場所と身体を強く見せ、共同体的にあった段階から、実際の姿をそのまま表現する個人史的な段階を踏み、逃れられないものからどう逃れるかというアイデアが(モチーフによって)模索されている。

「Eternal Atake」にしても「Whole Lotta Red」にしても、広くポストヒューマニズム的な思想傾向が見られるのもそのためだ。そういった地球の持続不可能性に、人生の苦しさに要請されるアイデアは、決定的なニヒリズムを孕んでいる。

「蛹から蝶」のような健康的な変化は、もはやなんの足しにもならない。隔絶された何処か、持続的でない何かでなければならない。(そして月に行くことも、変身することも、ジジェクが指摘する形で現実世界に統合されていくだろう。)

ただここでは2022年におけるそういった方法の残滓、もしくはそのもつれのような偶然をあえて糾っていこう。そこではこの快楽主義的ニヒリズムに対処する方法も模索されている。

Kendrick Lamar「Mr. Morale & the Big Steppers」、JID「The Forever Story」、redveil「learn 2 swim」

モチーフの扱いという点でまず語らなければならないのは、コンプトン出身のKendrick Lamarだろう。Kendrickは回心、性愛、

ジャズ、アフリカ等々あらゆるモチーフを駆使し、ナイーブな救済の形を模索してきた。

そして「Mr. Morale & the Big Steppers」では、自己破壊的な狂気、ギャングスター像をメタ的に引き受け、その全てに神の栄光を示そうとした「DAMN.」のテーマを引き継ぐためのモチーフとして、ブラックジーザスを打ち立てる。
それは拳銃をポケットに据え、ダイヤであしらわれた茨冠を被った、全てのヒップホップ的矛盾を引き受ける冒涜的なキリスト像であった。
換言すれば、「Mr. Morale & the Big Steppers」は精神分析という基礎構造とブラックジーザスというモチーフが無ければ、矛盾だらけの"私たちを困惑させることを楽しんでいる作品"に過ぎない。またそれがあったとしても、私たちはナイーブでダイナミックなモチーフを建立させるKendrickに翻弄されてしまう。
その事実全てを包含してもなお傷一つ付かないブラックジーザスというモチーフは少々狡くもあるが、決定的だろう。

また今作はサウンドにおいてもリリックにおいても「場所」はさほど問題にされていない。今作は「場所」によって「身体」が引き裂かれた後であり、それを「DAMN.」より明瞭なモチーフをもってして、荒々しい繋ぎ目をそのままに接合させることに奮起している。またそれはエックハルト・トールの先導による他者性に対する接合でもあり、エゴイズムの否定でもありうる。
しかしそこから再びエゴを獲得するようにして"I choose me, I'm sorry"と自由に紡がれていく。

この生々しいアンビバレンスの結合部をなぞっていくと、実存のジレンマがいかに厄介なものであるかが悲痛に感じられる。
ともかく私たちは、殉教することを選ばなかったKendrickを祝福すべきだろう。

アトランタ出身のJIDもKendrickにも負けず劣らず巧みにモチーフを扱っている。今作「The Forever Story」は、自らのリアリズムが感得せざるを得ない不可能性、「Never」という概念をアルバムを通して扱った「The Never Story」を引き継ぐ作品である。

ここでは「Forever」という概念を導入し、引き継がれるもの、永続していくものを良し悪しの区別なくラップしていく。
暴力、拝金主義、人種差別という負の「Forever」、ラップをすること、家族愛という正の「Forever」の間を取り持つため、双極的なヒップホップ的方法を"踏み込みすぎない方法を見つける"として一部否定し、愛と少々のニヒリズムを救済とするストーリー展開は誠実なリアリストたるJIDらしい作品だ。

またメリーランド出身のredveil「learn 2 swim」も「水の中を泳ぐこと」というモチーフを多義的に用いた作品である。水面と内省、水流と変化、座礁と失敗、向かい波と階級/人種差別、ダイビングと覚悟…。ティーンらしさと大人びた態度が同居する素晴らしい作品だ。しかし彼の真価が問われるのは、豊かで実りある闘争を失った時だろう。もがき続けた海の底に、不意に足がついてしまった時だろう。

Yung Kayo「DFTK」

Lil Uzi Vertと直接の関係性を持つワシントンD.C.出身のYung Kayoによる「DFTK」は、まさに今日的だ。
ファッションブランドが羅列された享楽的なリリックは身体を強烈に意識させるが、「Eternal Atake」/「Whole Lotta Red」的方法に加え、不規則にミキシングされた機械的な声によっても身体はほとんど隠されている。
ただ「no sense」で Kayoは引き裂かれたことに自覚的になり、失った身体を探す旅に出る。"意味をなさない" "俺が生きている人生なんて存在しない"と語りながら双極的なリリックを経て、"チェーンが重くて俺は押さえつけられていた"と拝金主義への疑念を語る。

それらを振り切ったように、半ば受け入れたように進行する「it's a monday」では、
"彼女は大文字で俺の名前を書く。全ては資本だ。俺たちは首都から来たんだ。"と日本のファッションブランドKapitalにかけつつ
Capitalを多義的に用いながら語る。

そしてタフなリリックによる差異化の果てで、自分自身に語りかけるように、
"俺を手放さないでくれ。俺は風の中で間違いなく迷子になってしまったんだ。
俺は自分自身を感じられない。危機を超えた気がしているんだ。"と過剰なエフェクトがかかったオートチューンで物語を終わらせる。

この作品は身体を失った段階から根源的な「わたし探し」に回帰させられていくような、いわばラップ的個人史の円環をなぞるような構成も含め、あらゆる意味で今日的だった。

Conway the Machine「God Don't Make Mistakes」、Roc Marciano and The Alchemist「The Elephant Man's Bones」、Ka「Languish Arts／Woeful Studies」

こうした内に向かうラップ・ミュージックは、ハードコアなヒップホップにもコンセプチュアルな意識をもたらした。
その一大成果が現行ブーンバップにおける最重要人物、NY バッファローのConway the Machineによる「God Don't Make Mistakes」だ。
ここでの主題はPTSDによる暴力と拝金主義であり、例えば「Tear Gas」というタイトルでは、まさに催涙ガスのように目に見えないものに涙を飲むことになるConwayの苦しみが迫真性を持って語られる。フッド、場所への愛憎がヒップホップの形式を踏襲する形で現前していく中で、無神論者であるConwayはキリストを絵落とし、自らを神とする。

そこからThe Alchemistプロデュースの表題曲「God Don't Make Mistakes」に入っていくのであるが、ここではPTSD、銃撃によって麻痺した顔面、息子を失ったという事実を引き受けることを拒むようにして弱々しい"What if"が吐露される。
"時々俺は考える。俺はストリートで上手くやれるのか？それともストリートは俺を連れ去っちまうのか？俺はストリートに潰されちまうのか？"

そうでなかったかもしれないものたちが背後にひしめく中で、私たちは現前されてしまったものを歩まなければならないのだ。

NYアンダーグラウンドシーンのレジェンドRoc MarcianoとカルフォルニアのレジェンドプロデューサーThe Alchemistの二人が手を組んだ「The Elephant Man's Bones」も素晴らしい完成度の作品だった。
どの楽曲もヒップホップを愛する者なら誰もが唸るような完成度でボースティングを続けるのであるが、ミニマリストRoc Marcianoのプロデューサーキャリアの代名詞とも言える、ソウルフルなヴォーカルループに微かなドラムを乗せるビートメイクをAlchemistが美しい鍵盤を混じえながら再現した表題曲「The Elephant Man's Bones」では、内省的なアイデアも数多く綴られる。

そしてハードコアで時折ユーモラスなリリックをしたためるMarcianoは、アウトロの「Think Big」でNYのレジェントThe Notorious B.I.G.との対話を試みる。(Kendrickが「Mortal Man」で2Pacと対話したように！)
"俺は霊媒を通さずにB.I.Gとチャネリングしてるんだ"と語るMarcianoは、
"俺はここにいる。俺はどこにでもいる。"と叫ぶBiggieに対し、
"あなたは俺と共にいるのか？ずっと共にあるか、そうでないかだ。"と返答する。

Marcianoは「ここ」では無いどこかにいながら今も「ここ」に、未だ世界中あらゆる場所に在り続けるBiggieと共にあり、共にはないのだ。

この微妙な感覚が、他者の個を、生を奪いかねない憧れや重ね合わせを超える「レペゼン」に他ならないだろう。

またAlchemistが発展させた「ドレムレス」は、今日でこそアブストラクト/エクスペリメンタル・ヒップホップを巻き込んでいったが、それらを胚胎させたのはハードコアなラップのみではない。その意味でKaはMarcianoと対をなすようなラッパーだろう。
NYブルックリン出身のKaは、真に階級意識の高いラッパーだ。

二枚組の今作「Languish Arts／Woeful Studies」でも、
"貧しさを勲章として身に着ける新しさ"
"俺は愚鈍な奴じゃない。意味をなそうともしないし、ドルを積み上げようともしない。
しかし、俺は死に物狂いで主張するんだ。"と力強く語る。

しかし理性的に生まれてしまったKaの物語は悲劇だ。
「Languish Arts」は、"内心では生き残ろうとしてるけど、彼はそんな設計にはなっていない。前頭葉を制御しようとしたけど、心の奥底では分かっていた。"
"巨人に抵抗して戦ったけど、リリパット（ガリバー旅行記における小人の国、ここではアメリカの蔑称として）には勝てない。"とスピットする。

まさに"苦しみのみから作られた今作は、"１日の終わりを飾るような作品では決してない。"

billy woods「Aethiopes」、Vince Staples「Ramona Park Broke My Heart」

NYアンダーグラウンドシーンの重鎮であるbilly woodsによる「Aethiopes」は、歴史に残る傑作だろう。
今作ではPreservationの古典的なビートメイキング・マナー[7]を守ったクリエイティビティ溢れる態度が可能にした前衛的なミニマルループに乗せ、billy woodsが過去を行きずりながらポストコロニアリズムを主題に物語を展開していく。

ただここでのwoodsはありとあらゆる過剰な引用を駆使し、また自身と重ね合わせることによって場所も他者性も有耶無耶にしてしまう。それこそまさに植民地主義的な態度ではないだろうか？
しかし「Aethiopes」では、作品においての主体、支配者であるbilly woodsの無力が鮮明に描かれることによってそのアイデアは否定されることとなる。

革命的なアイデアに乏しい今作においてwoodsは活動家でも革命家でもなく、徹底的に傍観者である。アイロニーとユーモアで権力に立ち向かった気になっている小市民である。
しかしwoodsのユーモアは「夜と霧」で語られるような生きんがための意志を持った気高き「まやかし」である。手も足も出ない権力構造に対する諦念を引き受けるユーモアである。
政治的な表現にはこうしたアイロニーやユーモアが多く用いられてきた。クライス・マーカーによる箴言、"ユーモアとは絶望の礼儀である"。
そのニヒルな世界認知において、woodsはあらゆる権力関係に皮肉を飛ばしたのち、「Remorseless」に抑えきれなかった、ままならぬ身体が立ち現れることとなってしまった。
woodsは煽動的で吐き捨てるようなフロウで露わになる身体を、他者の介在によって能動的に隠していたのだ。革命家billy woodsというペルソナは、身体を隠す必要があったのだ。シニカルな傍観者でいる強さを容易に引き受けられないのだ。

そのことを根拠づけるように「Remorseless」では、"Dollar Treeの休憩室でトランプをしていたら、壁には万引き防止のポスターが貼ってあった"、"軌道上から惑星を眺めていた"などと自身が植民地主義的な関係性を温存する資本主義に取り組まれていることを真摯に振り返りつつ、"俺を救ってくれ"、"マルクス主義者の刻印を俺に与えてくれ"と悲痛に語られる。

内に向かうラップ・ミュージックにおいてもはや不可欠のものとなった内省、つまり他者/対象としての「私」がおよそ存在しないままに物語を展開させながら、物語ること全てを破壊せんとする対象たりえない「私」がここで惹起してくる。

こうして資本主義リアリズムと決定論の前に何も出来なかったwoodsは人間性を奪われ、美術館で獣の剥製のように鑑賞される。そしてそういった現代まで引き継がれる支配の痕跡を笑えるか否かという問いに、最後のアイロニーを、「抵抗」を示すのであった。

このか弱く気高き作品は、神の無慈悲は、根拠の届かぬ、ままならぬ何かに私たちを再び引き合わせる苦々しき芸術の場である。

billy woods「Aethiopes」と同日にリリースされたこのもう一つの絶望は、場所が前面に押し上げられることによって身体が崩壊していくストーリーだ。

今作はエレクトロニックなDTMサウンドを離れ、ウェッサイのメロウなサウンドに、ギャングカルチャーや多くのOGの引用など、場所が強く刻印されている。

サウンドの浮遊感、メロディアスなフロウ、しかしどこかぶっきらぼうな発声に表れる情感は、ここでは無いどこかに行くことを、真に動的な何かを否定する。

そしてギャングカルチャーへの疑念、暴力への懐疑、システムを温存する資本への対抗心などの上昇的なアイデアの萌芽を狂気的な歓声/銃声が響く「場所」は完璧に摘みとり、キャリアを通して模索してきた愛の在り処を金とギャングカルチャーに捧げる悲劇的な末路を迎えることになる。

ただここで改めて語らなければならないのは、Vince Staplesの成功、狂気、場所、それらが一切の偶然にあるということだ。彼の誇張され、拡張された「ホーム」概念は、「MAGIC」という楽曲の含蓄は、ロールズにおいて正義のために必要な偶然、つまりそうでありえたことへの想像力を引き起こさせる。それはメイヤスーにおいて世界がそうである必然性が一切存在しない事実によって、「今ここ」を終わらせるように働きうる偶然でもある。

この二作品は全く異なる仕方で正義と無力感、私と私であったかもしれないもの、そういった幽霊と二重にありながら決定的に在る「私」との狭間で揺れ動く不安を掻き立てるものであった。

billy woods「Church」

ここまでは前述の2020年風ラップ・ミュージックの雰囲気を根拠づけ、正当なものとするようなあり方の作品であるが、私たちが目を背けてある可能性が未だ残されている。

「Church」の主題は無神論と反宗教だ。あらゆる権力構造に皮肉を飛ばしてきたwoodsは、ラップ・ミュージックがおよそ手をつけてこなかった、もしくはアンビバレンスな感情を宙吊りにしていた下からの権力構造である宗教、そのモチーフとしての「教会」と、ここでは怠惰と厭世の象徴である「大麻」を軸に物語を紡いでいく。

Messiah Musikによるカバーアートに表れる錆び付いた鉄筋をなぞるような質感を持ったビートに無感情に響かせるコーラスが廃墟を思わせるようにある中で、ここでのwoodsは強かだ。

冒頭の「Paraquat」では、"俺は宗教を見つけた。俺が預言者だ。"、"正しいことを言う"と宣言しながら、大麻の除去剤にかけて"神の恩寵によって、誰も彼もが捕まった"と力強く繰り返す。

そこからイスラム教教義とその伝道者に対して皮肉を飛ばし、"俺はそれを尊重しない"、"なぁ、俺に朝飯を食わせてくれよ"と続ける。

また原爆を引き合いに死への欲動を語りながら、自身の死を歓喜し、"前はない、後だけだ"と自らが預言者であることにかけて新たな紀元を主張する冒涜的なラインで終わらせる。

続く「Artichoke」でも、

"正気を取り戻すチャンスだ"と語りながら、地下室の暗い教会で「花嫁」を待っている私たちを婉曲に批判する。そしてそういった態度を"ブラック・コード（黒人の自由を制限するために制定された法）のように動く"としてさらなる皮肉を飛ばす。（背後で「大麻」は伸びていく…）

そこからホモフォビアを持つラッパーを一蹴、"全てが壊れ、バラバラになった。火はとうに燃え尽きて、ここにあるのは煙と灰だけだ。"とニヒルな世界認知は引き継がれつつも、"科学は明確/不思議だ"と確かなものを手繰り寄せていく。

また消費主義という権力構造に対する反抗心を示したところで、「Fever Grass」では、

"パワー（電気、権力）を切れば、俺は暗闇の中でも生きていける"

"ノアの方舟に乗った奴らを尻目に月光の下で踊る"と洪水で溺れ死ぬとしても権力に一切与しない覚悟が力強く語られる。

続けてキリスト教による男尊女卑的な構造を描写し、美しいピアノサンプルが挿入された「Classical Music」において、

"粉々になるまで88個の鍵盤を引き続けた。幽霊を追え。"と叫び、woodsは自分の手をピアノの手、なんてもったいない！と言った「彼女」のピアノの演奏に神を見るのだが、"俺は自分の道を見つけることができなかった。それはいつも同じで、俺は信仰を全く持っていなかった。"

"何もかもを流してしまったが、自分自身を煙に巻くことはできなかった。俺はそれを神に投げつけたんだ。"と信仰しえぬ窮屈な実存がここでも顔を出している。

そこから「Schism」では自由に自分自身を語りつつ、ラップゲームに異議を唱える。

"お前のぎこちない詩、そして俺の詩には「ホーム」が必要かもしれない。

お前らの好きなラッパーは、殺人を犯してまだギャングだと主張する。

その敵は彼を捕まえて殺す。

神は死者を祝福するが、俺たちはキング牧師について何も話していない。

お前らはやり過ぎだ。お前らは何でもやったんだ。

王冠を手にするまでは悔やんでいた。飛行機が着陸するまで、俺は窮屈だった。「俺はずっと正しかった！」と観衆に言ったんだ。"

woodsが今作の冒頭で手放した場所は、こうして自らの言葉で語るために必要になってくるのだろう。

そして"天地を創造された全能の神よ、今お頼み申し上げます。この建物の中のすべての悪魔の力を打ち砕いてください。主よ、弱き私たちは負けていない！"と信心深い言葉が挿入されながら幕を開ける「Pollo Rico」は今作のクライマックスだ。

"「コレ」は最初のセックス（the jump）から壊れていた。誰が何をしたかなんてどうでもいいことだ。"と語るwoodsは、友人の見舞いに"天国には売春婦しかいないことを願ってるよ"とユーモアを込めて弔いの言葉を口にする。

それは一切の対象を持たない、つまり権威に与しない純粋なる祈りであった。そして計らずも厭世の極地に至った、まもなく世界を後にするであろう友人に「大麻」を送るのであった。

続けて「教会」無き場所で忘れられた革命の犠牲を悲痛に語るwoodsは、最後に " 天国には愛しかないといいな " と締めくくり、ここからユーモアとアイロニーを放棄しながらさらなる死者を弔っていく。

ゆえに「All Jokes Aside」である。

"ステージの上でしゃがんでいる。与えた以上のものを奪ったことがないことを願いながら。"

"冗談は置いておいて、私は旅を楽しんだ。仲間に会いたい。「教会」に連れて行って、空へ打ち上げた。"と語りながら、"俺たちはイケてるか？イエスかノーならノーだろうな。そういう時代だ。"と大きな物語を失った現代を噛み締める。

そうして"「彼女」は逝ってしまった"と空へ向けて何度も嘆くのであった。

アウトロの「Magdalene」では、不倫関係にある女性をボーイフレンドから取り戻すため、「幽霊」だらけの車に乗り、"俺の運命"とされる「GPS」をそのままに、押し寄せる草木と狭まっていく道を車体を揺らしながら、"疑念と疑問は音を立てている。"

しかしそれは"逃走車につけられた空き缶（結婚に際し車にブリキの缶を結び、その音で悪霊を追い払うための風習）のように鳴る"。

woodsは目に見えない権力や死者への哀しみ、「Aethiopes」で語られる資本主義リアリズムといった幽霊を、決定論的にある狭き道を通りながら、思考によって追い払うのであった。

Earl Sweatshirt「Sick!」

そして最後に語らなければならないのは、Earl Sweatshirt「Sick!」だろう。

ダークで陰鬱な詩を紡いできたEarlは、パンデミックによって陰鬱にある世界に対して逆張りをした。

というよりも、"このクソッタレにロマンを持たない自由がここにある。"という宣言に代表されるEarlは、今作においてニヒリズムというロマンチズムに逃げ込むことをしなかった。希望から逃げ出さなかった。

今作の散漫で洗練されたサウンドも、人生の複雑さと明るさを認めるようにしてある。

パンデミックさえ終わらせてくれなかった世界に対して"終焉の酒に乾杯できないでいる"とEarlは自嘲気味に言葉を送るが、アウトロの「Fire in the hole」（爆発するぞ！）という楽曲のタイトルには、何か大きな変化を求めるような心情を汲み取ってしまう。

ただ私たちはおそらくどこにも行けないし、誰にもなれない。

未だここに立っていなければならない私たちは、そうであった/そうであるかもしれないものへの想像力と、他でもない今ここにある「私」との間を抜ける光を手繰り、人生のうちに確かにある希望から目を逸らしてはならないのである。

注釈
----

1   訳出、一部解説はgenius.com参照
     Craig Brewer「Hustle & Flow」2005年

2   https://www.complex.com/music/2016/01/next-wave-meet-lil-uzi-vert-the-next-phenom-in-rap

3   マーク・フィッシャー著　五井健太郎訳「わが人生の幽霊たち　うつ病、憑在論、失われた未来」ele-king boos 2019年

4   フェルナンド・ペソア著　高橋都彦訳「不安の書　増補版」彩流社　2019年

5   https://collectibledry.com/featured/what-is-trap-simon-reynolds-trap-music-criticism-dry-interview-classical-heretical-issue-9/

6   https://www.rollingstone.com/music/music-album-reviews/playboi-carti-whole-lotta-red-2-1109582/

7   ジョーダン・ファガーソン著　吉田雅史訳「J・ディラと「ドーナツ」のビート革命」DU BOOKS 2018年

ジム・オルークの電子音楽

ジム・オルークの電子音楽

川崎弘二　協力：阪本裕文

　１９６９年１月にシカゴで生まれたジム・オルークは、７、８歳の頃にＥＣＭレコードから１９７０年にリリースされたレコード、「Music Improvisation Company」を図書館で借りて聴いたという[1]。このレコードは、エレクトリック・ギターをデレク・ベイリー、エレクトロニクスをヒュー・デイヴィス、打楽器をジェイミー・ミューア、ソプラノ・サクソフォンをエヴァン・パーカーが担当しており、ジム少年はこのレコードを愛聴していた。ジム少年はとくにベイリーのギターに魅かれ、１９８１、２年頃にはロンドンまでベイリーに会いに行くほどであった[2]。

　レコード「6Oscillators'87/Guitar'88」や、カセットテープ「Some Kind of Pagan (1989)」などの録音物では、シカゴのデ・ポール大学の音楽学部で作曲を学んでいた時期の、ジムによるエレクトリック・ギターによる演奏を確認することができる。なお、２０１３年６月に東京SuperDeluxeにて開催された「ジム・オルーク６Ｄａｙｓ」において、この時期のギターによるパフォーマンスが再現されている。このコンサートでは、弦が張られたネックのみのギターに複数のピックアップが取り付けられ、「弦を軽く指でタッチし、その点描的な残響音をループさせる。そこにリモコンの赤外線をピックアップに当てることによって発生させた電子的パルス音や、弦を弓で弾くことによって発生させたドローンを積み重ねてゆく」[3]という演奏が行われた。

　こうしたスタイルは、ベイリーやＡＭＭなどイギリスの実験的な即興音楽の影響を受けたものではあるが、ジョン・ケージやデイヴィッド・テュードアによって創始されたアメリカ実験音楽の流れを汲む、ライヴ・エレクトロニクス音楽を参照していると見ることも可能だろう。どのような結果を生み出すか分からない状態にまで電子回路を複雑に組み上げ、この装置を不確定的に操作する行為こそが演奏となるライヴ・エレクトロニクス音楽は、ともすればパターンの反復に陥る危険性をはらんだ、因習的なフリー・ジャズ的演奏行為からの解放へと繋がって行く。

　そして、上記した「６Ｄａｙｓ」においては、大学生時代の１９９０年に作曲された「String Quartet and Oscillators」という作品が初演されている。ジムは「残念ながら弦楽四重奏曲は半分くらい（註・楽譜を）なくしてしまったので、記憶をたよりに書き出しています。テープの部分はオシレーターの部分だけなんですよ。それぞれの弦にリングモジュレーターがあって、それぞれ制御周波数があります。楽譜はあるけれど、４チャンネル方式のテープを新たに作らなければいけないんです」[4]と、コンサート前に行われたインタビューにて答えている。楽譜に書かれた器楽の生演奏を、リアルタイムで電子機器によって変調するというスタイルのライヴ・エレクトロニクス音楽は、ドイツでカールハインツ・シュトックハウゼンらによって始められた、もう一つのライヴ・エレクトロニクス音楽でもある。確かに、器楽の演奏をリアルタイムで電子的に変調するというスタイルは、歴史的に見ればシュトックハウゼンのライヴ・エレクトロニクスの延長線上にあると捉えることもできるかもしれない。しかし、ＣＤ「Disengaged (1992)」に収録された「A Young Person's Guide to Drowning」におけるヴァイオリンの電子変調や、上記した「String Quartet and Oscillators」の録音においては、ラ・モンテ・ヤングやトニー・コンラッドの作品を彷彿とさせるドローンの海の中へとあらゆる音響は溶け込んで行く。すなわち、電子的な操作によって楽器から新たな響きを注意深く剖出しようとするシュトックハウゼンの手捌きと、ジムによるアプローチの間にはかなりの隔たりが存在していることが分かる。

　また、「String Quartet and Oscillators」では、楽器の生演奏に加えて、テープに録音されたマテリアルを再生するという形での電子音楽の上演形態も試みられているようである。こうしたスタイルはアメリカのコロムビア大学でウラジミール・ウサチェフスキーらが始めたものであり、テープ・レコーダという機器を「楽器の一つ」として付加しようとする態度がここには見られる。いずれにしても、「大学には４トラックとＤＸ７のあるエレクトリック（ママ）・ミュージック・スタジオがあって、そういう音楽を作りたかったのは私だけだったので、いつもそこにいました」[5]というジムが、大学でアカデミックな現代音楽や電子音楽を学んだ成果がこうした作品群に現れているだろう。

　そして、ジムの創作を代表するスタイルの一つとして、テープによるコンポジションが挙げられる。何らかのメディアに記録した音響を加工し、オブジェへと変貌させた音を構築することによって、具体的な音響から抽象的な音楽作品を作り上げる技法、すなわちフランスで創始されたミュージック・コンクレートとの近似性がここに指摘できる。ＣＤ「Scend (1992)」や「Rules of

Reduction（1993）」などの録音作品では、加工されていないように聴こえるフィールド・レコーディング音と、抽象度の高い電子音や器楽音との対比が試みられている。

ただ、伝統的なクラシック音楽の系譜を継ぐミュジック・コンクレートでは、現実音の抽象化や、楽譜的な構造（主題の提示とその変奏のような）の実現により注意が払われているのに対し、上記したジムのＣＤにおいては、音のオブジェ化を目指そうとする態度はほとんど見受けられない。そして、その編集も、音楽的な構造物としての美しさより、沈黙の後に突如としてカットインされるフィールド音の鮮烈さに代表されるような、シークエンスを単位として進行する音響の推移、あるいは音響の配置が追究されているように思われる。

そもそもミュジック・コンクレートと称される音楽作品においては、ジムのテープ音楽ほど長い沈黙がそこかしこに配置されることは決して多くない。ジムのテープ音楽には、一定の時間経過のなかで、諸々の断片が注意深く配置されているという特徴がある。そして、それらが一つの集合体として聴衆の意識の中で立ち上がるような、喩えるならば映画的な編集が行われているのである。持続と切断を巧みに操作するジムのテープ編集には、フィルムをスプライスする映画作家の手捌きに通底するものが存在していると言える。この傾向が最も顕著に表れているのが、ＤＡＴの長時間モードを利用することによって、４時間弱の長大な録音物を連続して聴かせることに成功した「Use（1994）」であろう。

１９９７年に「Bad Timing」と「Happy Days」をリリースした直後のインタビューにおいて、ジムは「僕はチャールズ・アイヴズ、ヴァン・ダイク、フェイヒイ、ニッチェを聴いて育った。彼らは"アメリカ音楽（AMERICANA MUSIC）"というものの信奉者だ（略）僕は"アメリカ音楽"に関する神話がどこにもないことに気づいた（略）巨匠たちの神話の中に僕が閉じ込められるのではなく、そこから解放されることが一番重要だった」[6]と述べている。この発言からも分かる通り、ある時期からのジムはそれまでの自分のルーツとしての音楽から「解放」されることを目指し、それは今まで述べて来たようないわゆる現代音楽の領域における電子音楽に類したコンポジションも例外ではなかった。

その決意は、「ケヴィン・ドラムのプリペアード・ギターを聴いて、僕がやりたかったことを彼が全部やり尽くしていると思った。だから、プリペアード・ギターは辞めてしまった」[7]、あるいは、「どれだけ書いても耳にすることがないと気づいた学生時代に楽譜を書くのはやめた」[8]といった彼の発言からも読み取ることができるだろう。こうしたジムの態度が最も色濃く反映した例の一つが、デヴィッド・グラブスとのユニットとしてのガスター・デル・ソルの活動である。

このグループにおける特色として、アコースティック・ギターや管楽器や弦楽器などの楽器から引き出された多彩な音色がまず挙げられる。上記したようにテープ音楽においてジムは、録音されたマテリアルを加工することにそれほど熱心ではないように思える。それは、録音することによって固定させられ、萎えてしまった音から新しい音響を導くよりも、刻々と変化し続ける状況に対応することを余儀なくされる生の演奏行為からこそ、新鮮な音響が生み出されると信じていたからなのではないだろうか。

そして、紙幅の関係からこれまで触れてこなかったが、Ｐ16・Ｄ４のラルフ・ウェホウスキーのようなノイズ・ミュージックのアーティストがテープで参加するなど、ドローンに代表される電子的な音響などが生演奏と拮抗するかのように使用されていることも特徴として挙げられる。そして、これらの楽器演奏や弾き語り、電子音、テープなどの音響は、映画におけるスーパーインポーズのように一つのシーンの中で別々のものとして編集されており、ガスター・デル・ソルのＣＤ「The Harp Factory on Lake Street（1995）」がその最も代表的な例となるだろう。こうしてジムらは、新しい音響を、新しい構造によって構築し、それを録音作品として提示したのである。それは、戦後の前衛的な作曲家や音楽家たちが希求した新しい音楽のありかたでもあり、彼らは極めて完成度の高い作品群をガスター・デル・ソルの名のもとに結実させた。

先に述べた通り、１９９７年の「Bad Timing」と「Happy Days」によって、ジムは「アメリカーナ・ミュージック」から「解放」されることを目指し、それだけでなく、イギリス、アメリカ、ドイツ、フランスにおける現代音楽や実験音楽から受けた影響を十分に咀嚼した上で、それを一歩先に進めようとした形での総決算をも試みた。そして、１９９７年から２０００年にかけて録音された素材によるＣＤ「I'm Happyand I'm Singingand a 1,2,3,4（2001）」をターニング・ポイントとして、ジムの電子音楽的なアプローチにはラップトップの要素が強く介入するようになる。

その理由については、大友良英との対談にヒントがある。大友は「ギターを弾いてしまうと、その背後にいつも高柳昌行さんの影を感じてしまって、その問題は今でもとっても重いんです。でもターンテーブルをやるとそこから逃れることができる」と発言し、ジ

ムは「私も（略）Powerbookで同じことを感じていました」と述べている[9]。すなわち、ラップトップという「楽器」の力を借りて、また違った形で先人らの桎梏から「解放」されることが、Powerbookを導入した目的の一つでもあったのだろう。

近年の作品、例えば、２０１２年から13年に掛けて録音されたレコード「Old News No.9」に収録された「Four Endings」のような作品では、映画の編集を想起させるような構造はもはやそこにはなく、顕微鏡で拡大したかのようなドローンのテクスチュアの微細な変化や、音響そのものの時間的推移により強い関心が向かっているようである。ただし、ここで劇映画ではなく、ジムが敬意を払うマイケル・スノウの「波長（1967）」のような実験映画を想像するならば、ここにもまた、映画的な関心が潜んでいると言えるかもしれない。ジム自身が過去に手がけた数少ない実験映画の一つである「Not Yet（2003）」は、ハリウッド映画のファウンド・フッテージを持続的なループの中で推移させる作品だったことを思い出そう。このようなジムの音楽作品に見られる変化は、彼が牧野 貴のような実験的な映画作家との共同作業[10]を経た結果なのかもしれないが、その点については別の機会に譲るとして、まずはここで筆を措きたい。

かわさき・こうじ（電子音楽研究）　　　　さかもと・ひろふみ（映像研究）

注釈

1　大友良英との対談では「一〇歳とか十一歳の頃」と述べている。大友良英、ジム・オルーク「その音は、どこから来たか？」『ユリイカ臨時増刊号大友良英』青土社（２００７年７月）９頁

2　金子厚武「ジム・オルークインタビュー」　　ウェブサイト『CINRA.NET』（２００９年９月１５日）http://www.cinra.net/interview/2009/09/15/000000.php?page=2（２０２３年２月２７日にアクセス）

3　阪本裕文「ジム・オルーク6Days　80年代：カセットテープ時代」　ウェブサイト『central region』（２０１３年６月１９日）https://centralregionblog.wordpress.com/2013/06/19/（２０２０年８月１５日にアクセス）

4　無記名「インタビュー：ジム・オルーク　日本在住５年の奇才音楽家が語る、日本酒、フライ・ライフ、レッド・ツェッペリン」ウェブサイト『TimeOutTokyo』（２０１３年６月１１日）http://www.timeout.jp/ja/tokyo/feature/7388（２０２０年８月１５日にアクセス）

5　註1の文献、１１頁

6　佐々木敦、原雅明「Pleases note our failure, a conversation with American funnyman, Jim O'Rourke..... a meeting in Chicago part 2」『Fader vol. 002』Headz（１９９８年８月）３９〜４０頁

7　註6、３９頁

8　註4に同じ。

9　註1の文献、２６頁

10　ＤＶＤ『牧野 貴作品集 vol・1 with ジム・オルーク』紀伊國屋書店（２０１０年１２月）

初出＝書籍『ジム・オルーク完全読本』Ｐヴァイン（2015年5月）

AGI 4 / MERZBOW II

初版発行：2023年3月30日
監　　修：中村 泰之
　　　著：秋田 昌美、川崎 弘二、韻踏み夫、久世、つやちゃん
デザイン：株式会社スタジオワープ
編　　集：中村 泰之
制　　作：中村 泰之　中村 真理子
発 行 者：中村 泰之
発 行 元：きょうレコーズ
発 売 元：株式会社スタジオワープ
　　　　　〒530-0041 大阪市北区天神橋3丁目10-30 コープ野村扇町107
　　　　　TEL.06-6882-3367　FAX.06-6882-3368
印刷・製本：株式会社グラフィック
Ｉ Ｓ Ｂ Ｎ：978-4-86400-044-4

「AGI」Back Number

バックナンバーはお近くの書店、アマゾンにてご注文下さい。

創刊準備号

タイトル：vanity records
監修：中村 泰之
著：嘉ノ海 幹彦、東瀬戸 悟、よろすず、平山 悠、能勢 伊勢雄
価格：¥3,850（税込）
ISBN：978-4-86400-040-6
発売日：2021年7月23日
版型：B5（257×182×24.5mm）
ページ数：本文392ページ（カラー 90ページ）
製本：並製
初版特典：CD2枚組
発行元：きょうレコーズ
発売元：株式会社スタジオワープ

創刊号

タイトル：AGI
監修：中村 泰之
著：嘉ノ海 幹彦、椹木 野衣、平山 悠
価格：¥4,950（税込）
ISBN：978-4-86400-041-3
発売日：2022年2月28日
版型：B5（257×182×54mm）
『AGI』『rock magazine 復刻版』2分冊
ページ数：本文208+592ページ 計800ページ
BOX 仕様：2冊の本とCD4枚は豪華ボックス
　　　　　（266×191×54mm）に封入
製本：並製
初版特典：CD4枚組
発行元：きょうレコーズ
発売元：株式会社スタジオワープ

「AGI」Back Number

バックナンバーはお近くの書店、アマゾンにてご注文下さい。

創刊2号

タイトル：AGI 2 ／ ENO
監修：中村 泰之
著：藤本 由紀夫、東瀬戸 悟、嘉ノ海 幹彦、平山 悠、よろすず
価格：¥3,850（税込）
ISBN：978-4-86400-042-0
発売日：2022年6月30日
版型：B5（257×182×20mm）
ページ数：本文304ページ（カラー16ページ）
製本：並製
初版特典：CD1枚組
発行元：きょうレコーズ
発売元：株式会社スタジオワープ

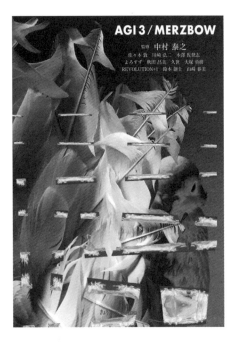

創刊3号

タイトル：AGI 3 ／ MERZBOW
監修：中村 泰之
著：佐々木 敦、川崎 弘二、木澤 佐登志、よろすず、秋田 昌美
久世、大塚 勇樹、REVOLUTION+1、鈴木 創士、山崎 春美
価格：¥3,850（税込）
ISBN：978-4-86400-043-7
発売日：2022 年12月15日
ページ数：本文304 ページ（カラー 64 ページ）
製本：並製
発行元：きょうレコーズ
発売元：株式会社スタジオワープ